I0393787

Ewige Edition™
bei *CreateSpace*

Copyright © 2014
Enno von Denffer, Angela Hopf
c/o Grasweg 5, 35418 Buseck
Gedruckt in Deutschland bei
Amazon Distribution GmbH, Leipzig
Alle Rechte vorbehalten

Auflage 1.1 / 2014
ISBN: 978-1-5052-7246-8
Ewige Edition™

Das Werk einschließlich aller seiner Teile ist urheberrechtlich
geschützt. Jede Verwertung außerhalb der engen Grenzen des Ur-
heberrechtsgesetzes ist ohne Zustimmung unzulässig und strafbar.
Das gilt insbesondere für Vervielfältigungen, Übersetzungen,
Mikroverfilmungen und die Einspeicherung und
Verarbeitung in elektronischen Systemen.

Bibliografische Information der Deutschen Nationalbibliothek:
Die Deutsche Nationalbibliothek verzeichnet diese Publikation in
der Deutschen Nationalbibliografie; detaillierte Daten sind im
Internet abrufbar über http://dnb.d-nb.de.

AKT EXLIBRIS

Herausgegeben von
Angela & Andreas Hopf

Ewige Edition™
bei *CreateSpace*

Titel-Exlibris: Leo Rauth für Richard von Carlowitz

Akt-Exlibris

Seit es überhaupt gedruckte Bücher gibt, werden auch Exlibris, also Besitzerzeichen, in sie hineingeklebt – aus Besitzerstolz vielleicht, als Ausdruck einer persönlich geprägten und belebten Bibliothek, als Mahnung zur Rückgabe womöglich ausgeliehener Bücher, insgesamt sicher ein Zeichen, daß man mit Büchern, und mit Geschmack, lebte. Die wechselvolle Geschichte des Exlibris ist durch Perioden großer ästhetischer Aufbrüche ebenso bestimmt wie durch künstlerische Nachrangigkeit und Desinteresse. Sammler bemächtigten sich des Bereichs; es kam ihnen durchaus nicht nur darauf an, ein eigenes Exlibris zu haben, auch wurde keineswegs immer die Kennzeichnung der Bücher gewollt.
Vielmehr weist die Tatsache, daß einzelne Auftraggeber mehrere hundert Exlibris bei den verschiedensten Künstlern bestellten, darauf hin: Es sollten Graphiken entstehen, die zum Sammeln und Tauschen geeignet waren. Auf die Qualität kam es dabei oft nicht an. Der Kunst des Exlibris bekam das nicht gut.

Im Zeitalter des »konsumierbaren Buchs«, des Taschenbuchs und der »Wegwerfware Buch« kann man auf den ersten Blick ebenfalls nicht erwarten, daß ein künstlerischer Impetus diese Form der Kleingraphik wiederentdeckt.

Und doch: Jenseits des bloßen Produktionsgedankens von Büchern wie von Sammelexlibris hält eine künstlerische Grundidee durch. Eigentlich natürlich, möchte man hinzufügen. Wir wissen – und regten wohl auch an –, daß einige Künstler sich dieses graphischen Sonderbereichs wieder annehmen. Es gibt anscheinend auch heute Menschen, die, um es einmal so zu formulieren, Bücher ganz altmodisch persönlich auf sich beziehen mögen.

Ursprünglich war das Exlibris stark heraldisch und von Initialen bestimmt, es löste sich nur schwer von solchen rein formalen Vorgaben. Im beginnenden 16. Jahrhundert entwickelten sich erste freie Motive – auch der Akt war schon dabei.
Der nackte menschliche Körper in künstlerischer Darstellung war anfangs sicher kultisch und religiös aufgefaßt. Die alten Griechen befreiten den Akt aus seinen mythischen und transzendenten Zusammenhängen. Die Wirklichkeit in idealer Darstellung galt ihnen als Kunst. Doch durch die Zeitläufte blieb der Akt vergöttertes Ideal wie zugleich verketzertes Skandalon. Menschen, Tiere, Landschaften, symbolische und allegorische Darstellungen, die Eule etwa, oder Knochenmann und Sanduhr, das Memento mori und leidenschaftliche Bekenntnisse zum Leben – wie immer: Die

Vielfalt freier motivischer Gestaltungen nahm deutlich zu. Der Siegeszug des Exlibris als eigenständige graphische Kunst konnte beginnen. Der »Gebrauchsaspekt« trat immer mehr in den Hintergrund, der motivische Bezug zum Buch und seinem Eigner wurde in den meisten Fällen künstlerisch bedacht.

Sieht man vor allem auch den ästhetischen Aufschwung, den das Exlibris um 1900 nahm, so kann man recht eigentlich nicht mehr von einer »Gebrauchsgraphik« (so der meist zu Unrecht abschätzige Begriff) reden. Wichtige, ja meisterhafte Blätter entstanden, natürlich neben viel Zweit- und Drittklassigem –, und heute werden manche Exlibris zu Preisen gehandelt wie die freien Graphiken der Künstler.

Eine Menge von Besonderheiten steigern diesen Wert zuweilen: Blätter vor der Schrift etwa, dann Graphiken mit Remarquen, also spielerischen Ätzproben am Rande, die bei der endgültigen Auflage verschwanden. Auch Zustandsdrucke gehören dazu.

Oft entstanden so graphische Unikate, die, neben Eigenblättern von Künstlern, begehrte Sammelobjekte wurden.

Die Fülle der Exlibris ist in Deutschland und erst recht international unüberschaubar, die Zahl der Blätter geht in die Millionen. Auf Vollständigkeit kann man Exlibris also nicht sammeln.

Die Sammlung Angela & Andreas Hopf ist wohl eine der ganz großen europäischen Sammlungen, die überdies ständig wächst und im übrigen gut dokumentiert ist (vergleiche dazu das Literaturverzeichnis im Anhang). Wir entschieden uns ganz subjektiv für bestimmte Schwerpunkte und Vorlieben, so etwa das Sammeln nach bestimmten Künstlern wie Klinger, Volkert, Vogeler, Fingesten, Ubbelohde, Erler, Geiger, um nur ein paar zu nennen. ·

Dann sammelten wir Motive: Eulen, Kinder, Buchdarstellungen, erotische Exlibris, redende Exlibris, also Blätter, die den Namen des Auftraggebers bildlich darstellen; ferner Blätter von Ärzten, Juristen und anderen Berufsständen, Exlibrisgraphiken mit Remarquen, Eigenblätter von Künstlern und, last not least, Akte.

Der Facettenreichtum gerade dieses Gebiets ist verblüffend: von kitschnaher Süße (etwa das Blatt von Soder) bis hin zur herben großen Kunst, von symbolträchtiger Würde und Gestelztheit bis hin zu witziger Groteske gibt es nahezu alles; jede Stilrichtung ist vertreten. Nicht selten waren Ärzte Auftraggeber von Darstellungen des Mädchens mit dem Sensenmann.

Auch ist der Übergang zu erotischen Anklängen fließend.

Die Darstellung des – übrigens weit überwiegend weiblichen – Körpers ist besonders interessant im Hinblick auf andere Motivzusammenhänge.

Alles dies wird deutlich, schaut man sich die Blätter selber an. Auch ein paar Grundzüge werden dann auffallen:

Der Akt wird als ein rein dienendes, graphisches Element benützt, wie etwa im Eigenblatt von Vic Engels. Oder noch dekorativer, ja musterähnlich bei Fidus.

Den Übergang zur erotischen Darstellung finden wir im Blatt für Dr. Josef Klüber, einen Arzt und Auftraggeber vieler interessanter Blätter, in diesem Fall von Rassenfosse gestaltet.

Hitziger nehmen sich da schon die beiden Frauen aus beim Blatt von Woelfle, vor der Schrift. Diese Graphik gibt es mit verschiedenen Remarquen, darunter einigen ziemlich »anzüglichen«.

Die Meisterschaft eines Schmidt-Rottluff findet sich in der Exlibris-Aktdarstellung wieder, wie überhaupt die Handschrift eines Künstlers sich auch nicht bei einer Auftragsproduktion verleugnet.

Besonders mögen wir die Exlibris von Erler – immer ist er vielseitig, anspielungsreich und originell.

Die Aktdarstellungen mit Remarquen geben manchen Exlibris, zum Beispiel bei Ritter, Mayr, Héroux und Ebner einen ganz besonderen Reiz.

Die vorliegende Auswahl zeigt nur einen kleinen Ausschnitt aus mehreren tausend Aktblättern, aber sie dokumentiert doch die Vielfalt. Die Vorlagen – ausschließlich aus unserer Sammlung – wurden so originalgetreu wie möglich und in ihrer Originalgröße wiedergegeben. Die Reihenfolge der Blätter folgt dem Alphabet der Künstler. Im Anhang finden sich Register der Künstler und der Auftraggeber sowie eine Übersicht über wichtige Literatur zum Thema.

Angela & Andreas Hopf
München, im November 1985

Abb. 1
Mathilde Ade
für Dr. Géza von Lobmayer

EX LIBRIS

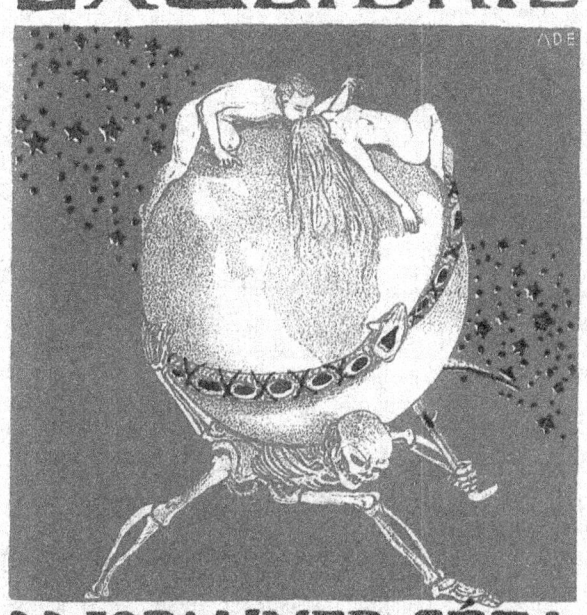

Dʳ· v· LOBMAYER· GÉZA·

Abb. 2
Karl Arnold
für Walter Arnold

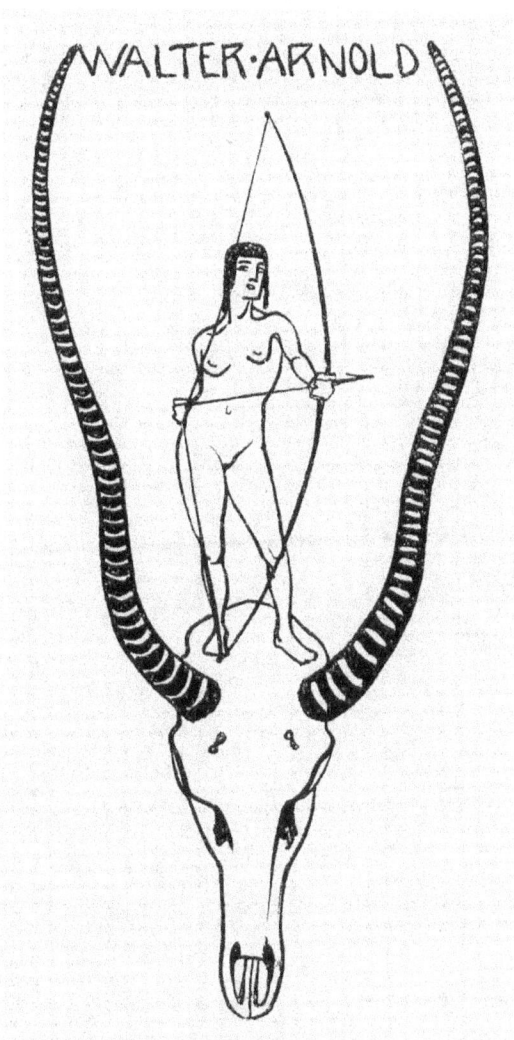

Abb. 3
Karl Arnold
für Max Arnold

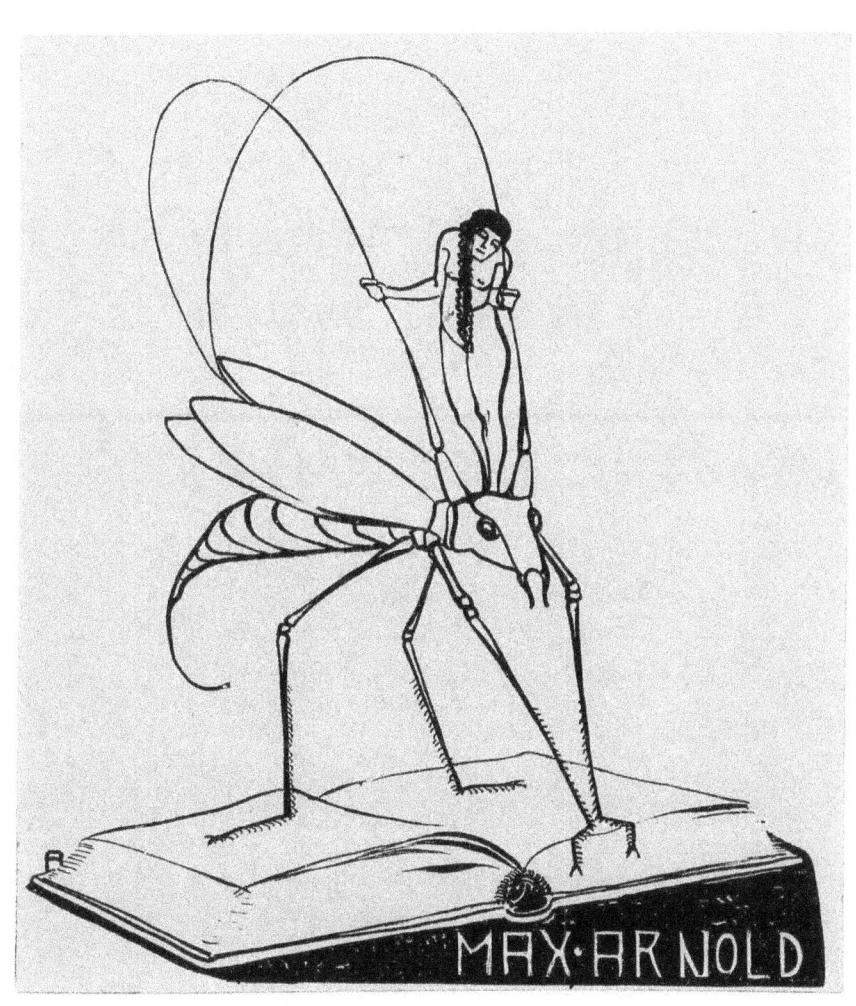

MAX·ARNOLD

Abb. 4
Franz M. Bachmann
für Carl Kampe
(1910)

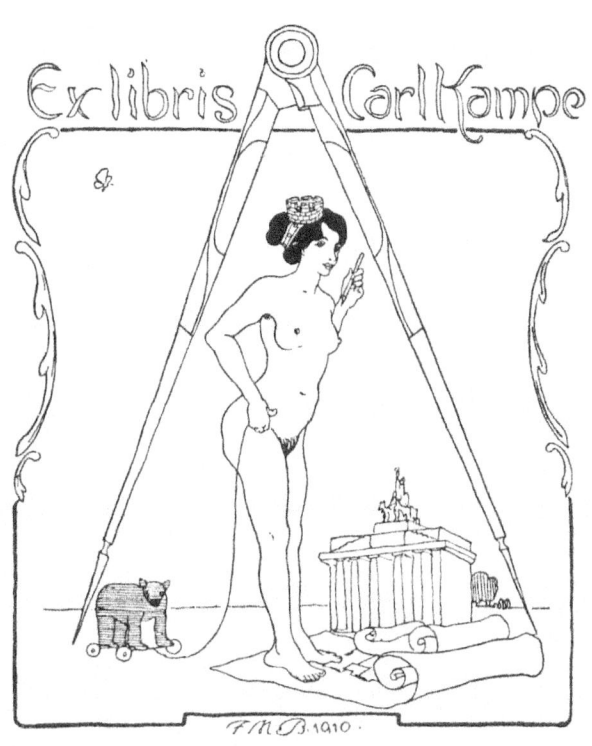

Abb. 5
Franz von Bayros
für Margot Lewknecht

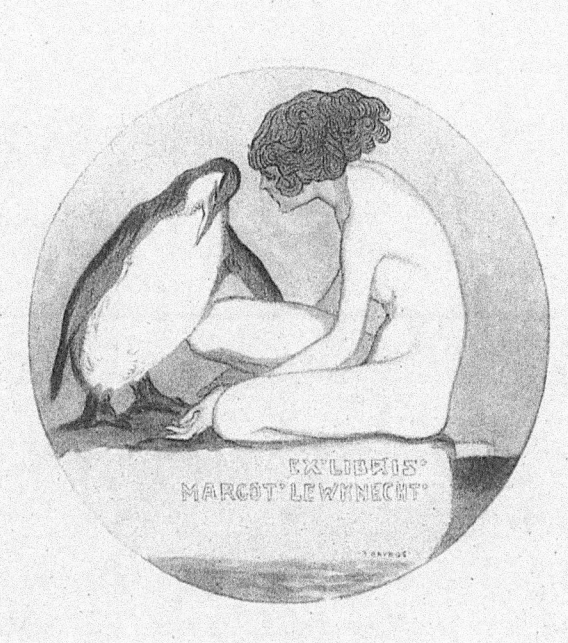

Abb. 6
Franz von Bayros
für H. G. S.

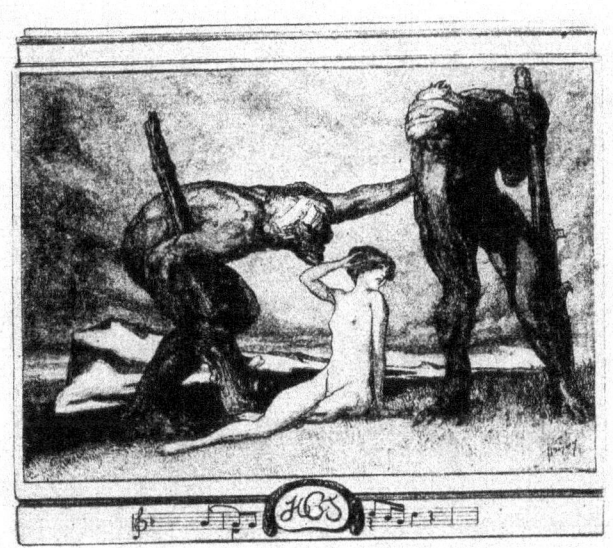

Abb. 7
Niklas Bottka
für Oszkár Hillinger

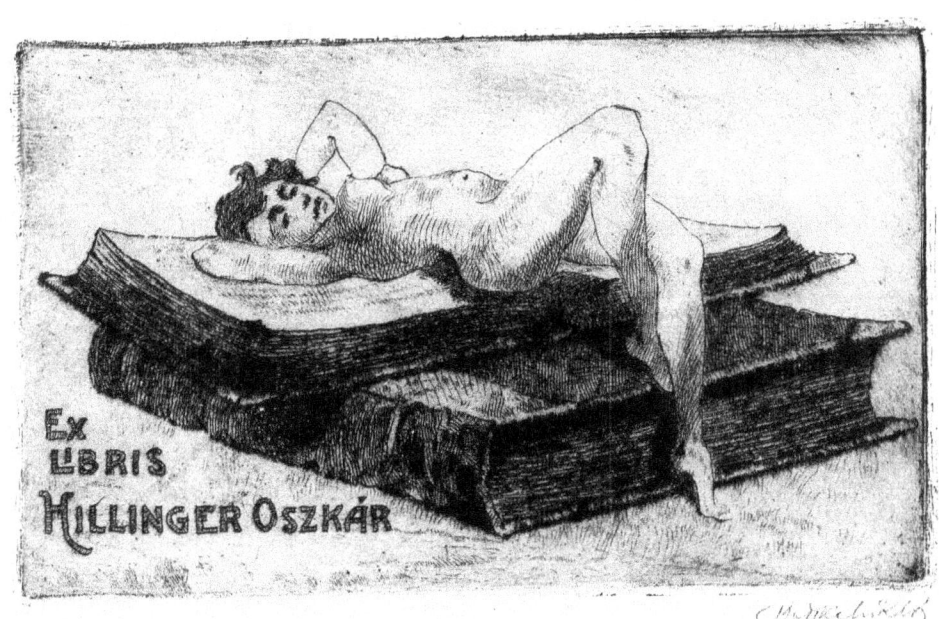

Ex
Libris
Hillinger Oszkár

Abb. 8
Robert Budzinski
für Hanns Heeren
(1918)

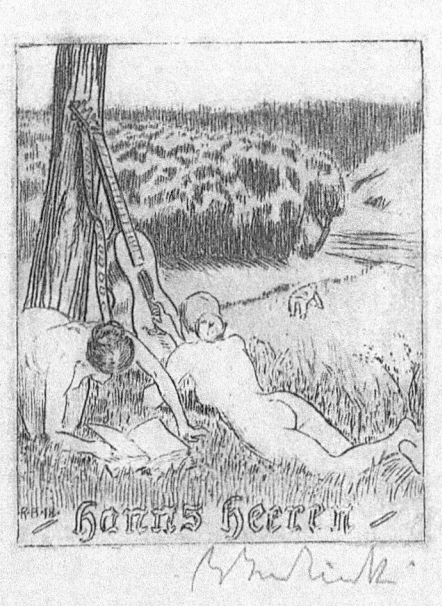

Hanns Heeren

Abb. 9
Robert Budzinski
für Paul Heinicke
(1916)

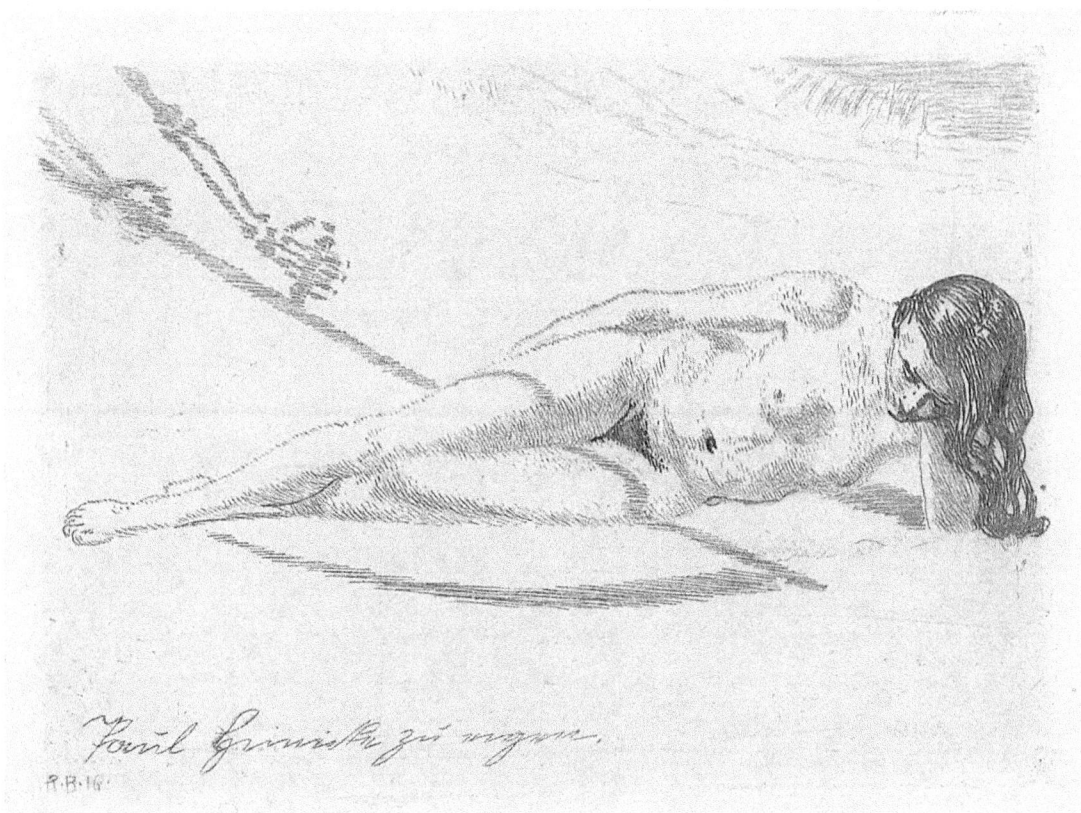

Paul Grimate zu eigen.

R.B.16.

Abb. 10
Paul Bürck
für Anna Ansbacher

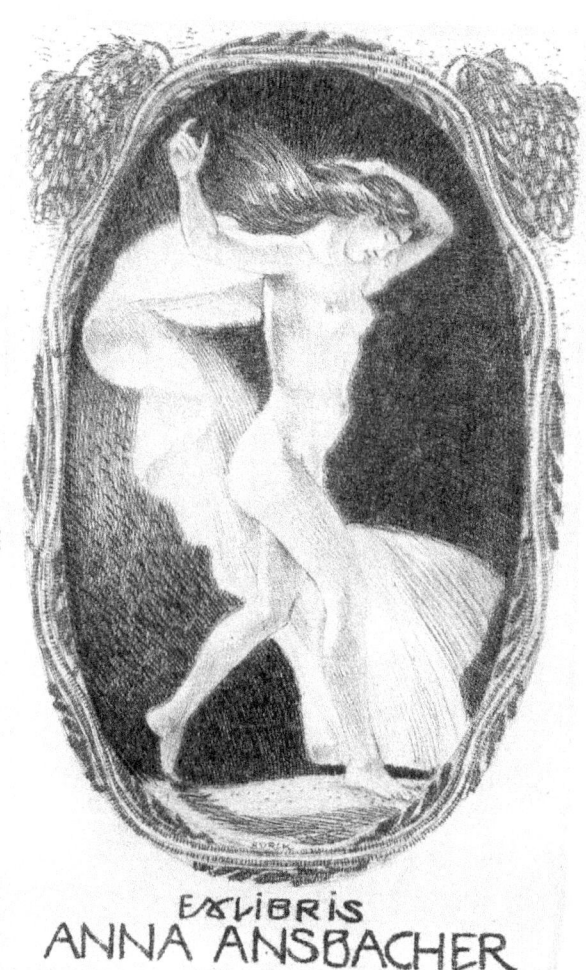

EXLIBRIS
ANNA ANSBACHER

Abb. 11
Erich Büttner
für Max Herrmann-Neisse
(1922)

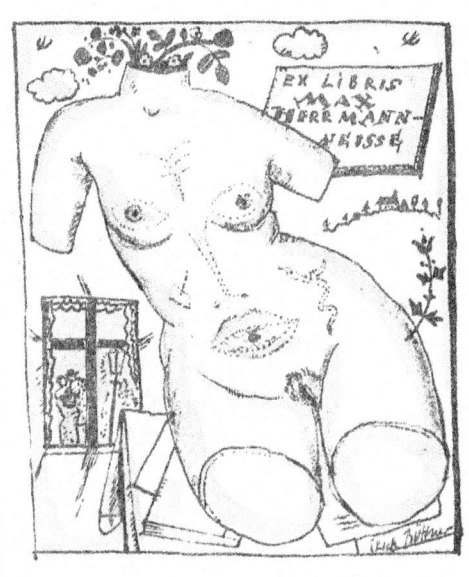

Abb. 12
Erich Büttner
für Martin Herzberg
(1922)

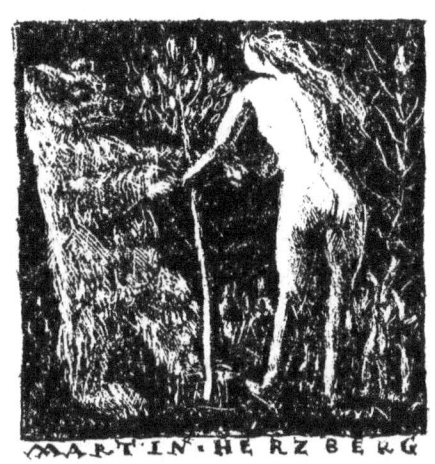

MARTIN·HERZBERG

Abb. 13
Lovis Corinth
für F. Kruse
(1919)

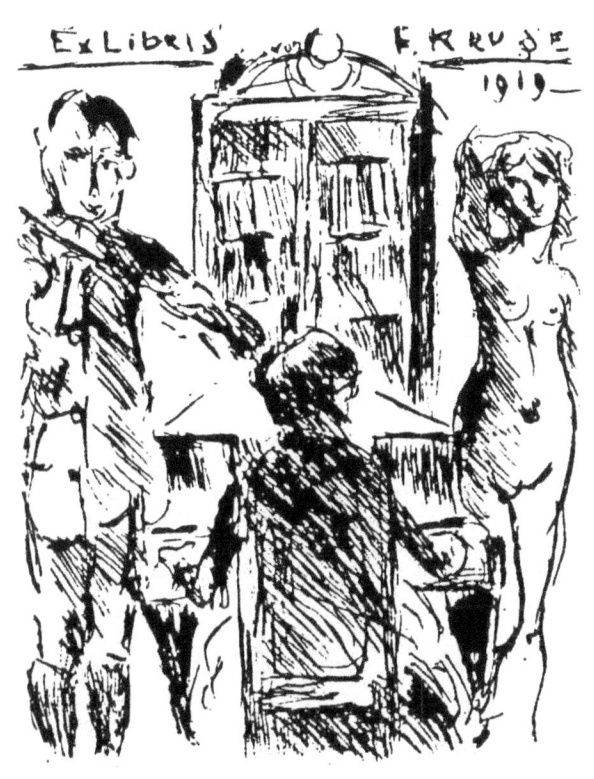

Abb. 14
Alfred Cossmann
für Frida Graf

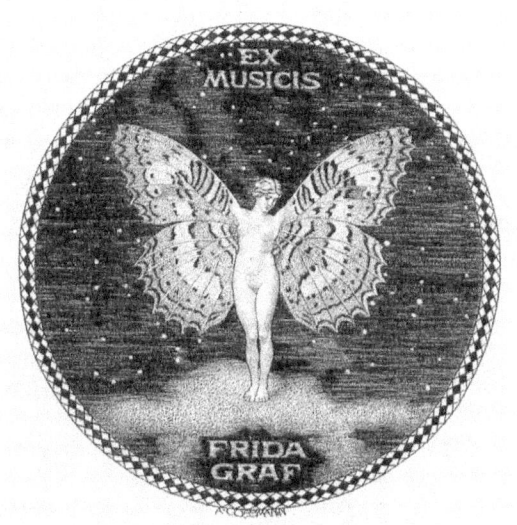

Abb. 15
Helene von Denffer
Eigenblatt
(1917)

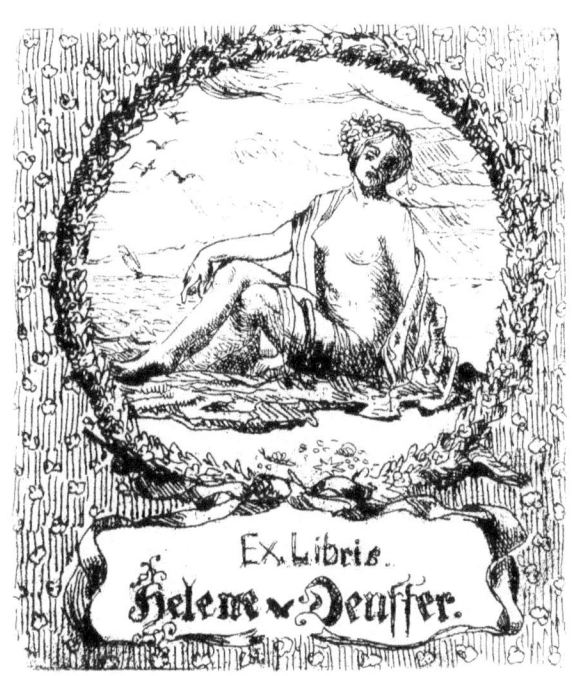

Ex. Libris.
Helene v. Deuffer.

Abb. 16
Fritz Dornbusch
für Dr. Josef Klüber

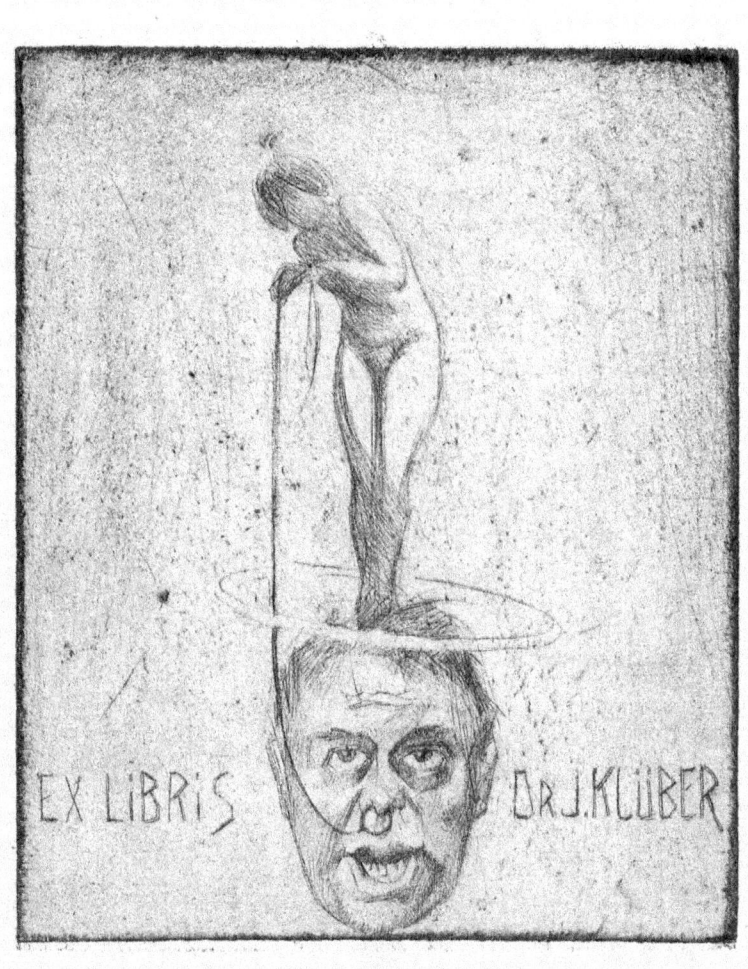

EX LIBRIS   Dr J.KLÜBER

Abb. 17
Ernst Emil Ebner
für Karl Martin Andres
(1921)

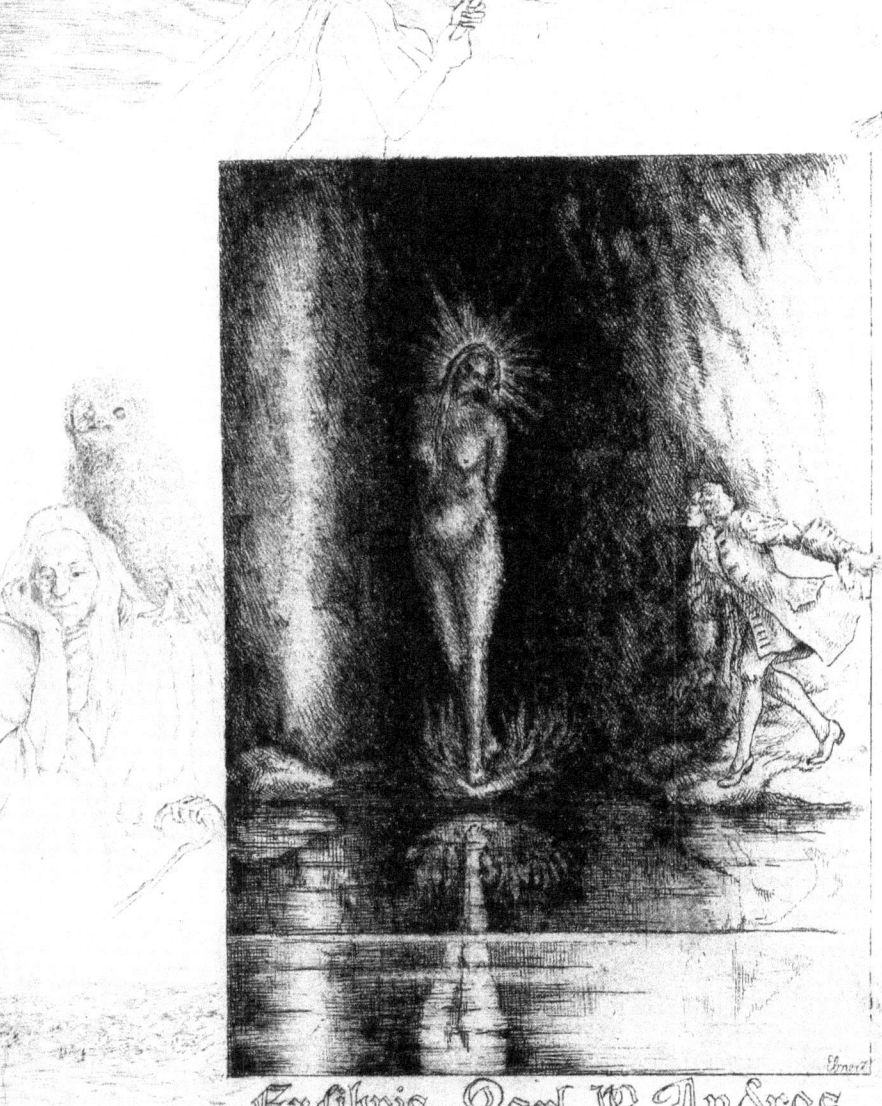

Ex libris Karl M. Andres

Abb. 18
Hans am Ende
für Wilhelm Felsing

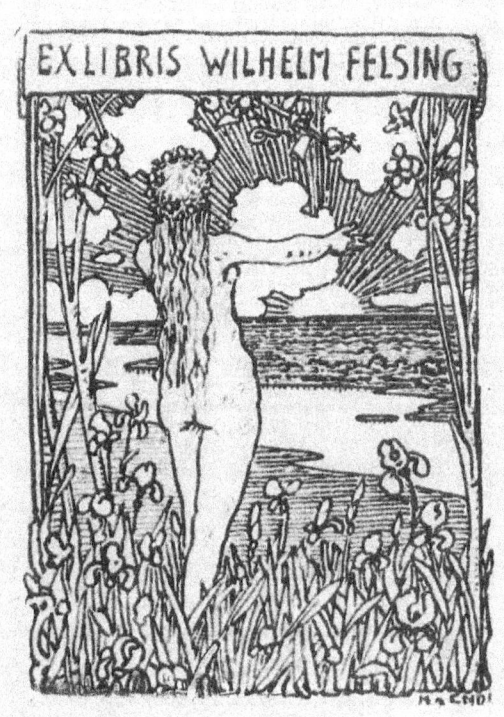

Abb. 19
Ludwig Enders
für Jordi Monsalvatje

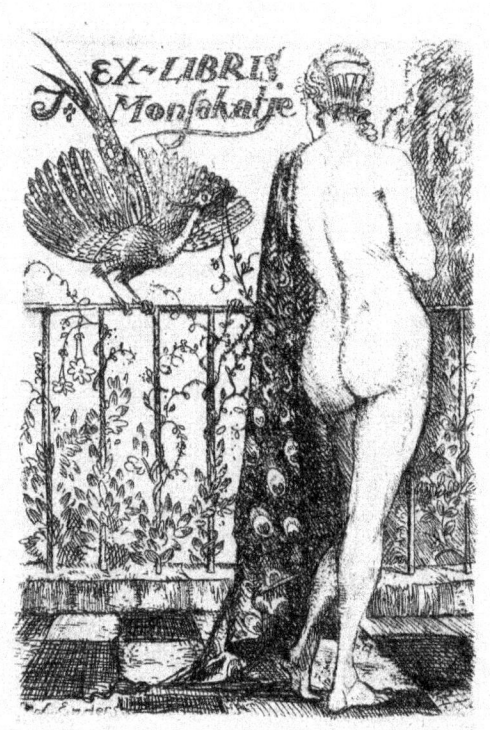

Abb. 20
Vic Engels
Eigenblatt
(1920)

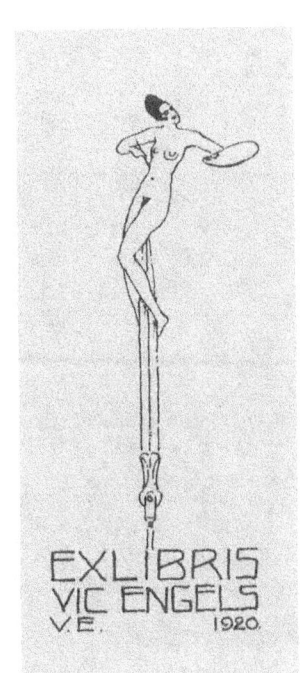

EXLIBRIS
VIC ENGELS
V. E.   1920.

Abb. 21
Erdmann-Rule
für Karl Kochmann
(1910)

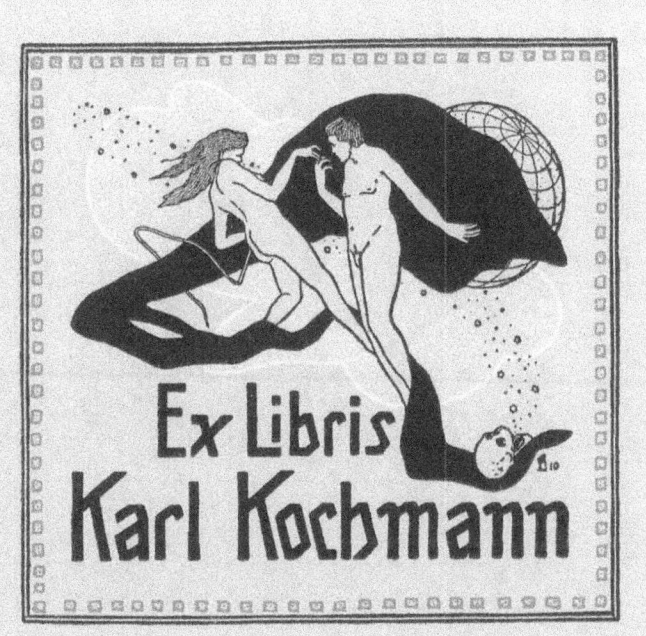

Ex Libris
Karl Kochmann

Abb. 22
Fritz Erler
für L. Liebmann

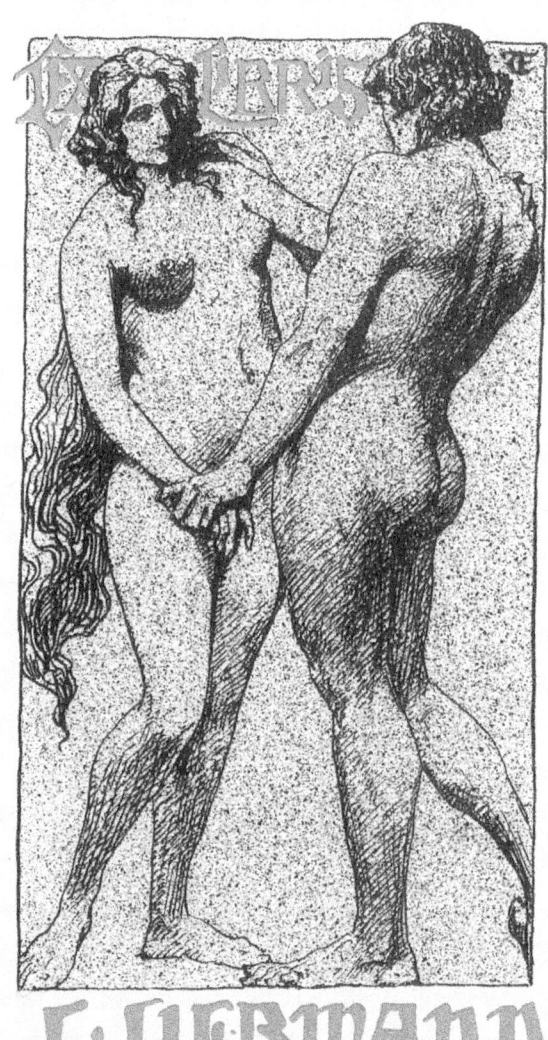

Ex Libris

C. LIEBMANN

Abb. 23
Georg Erler
für Arthur Hälßig

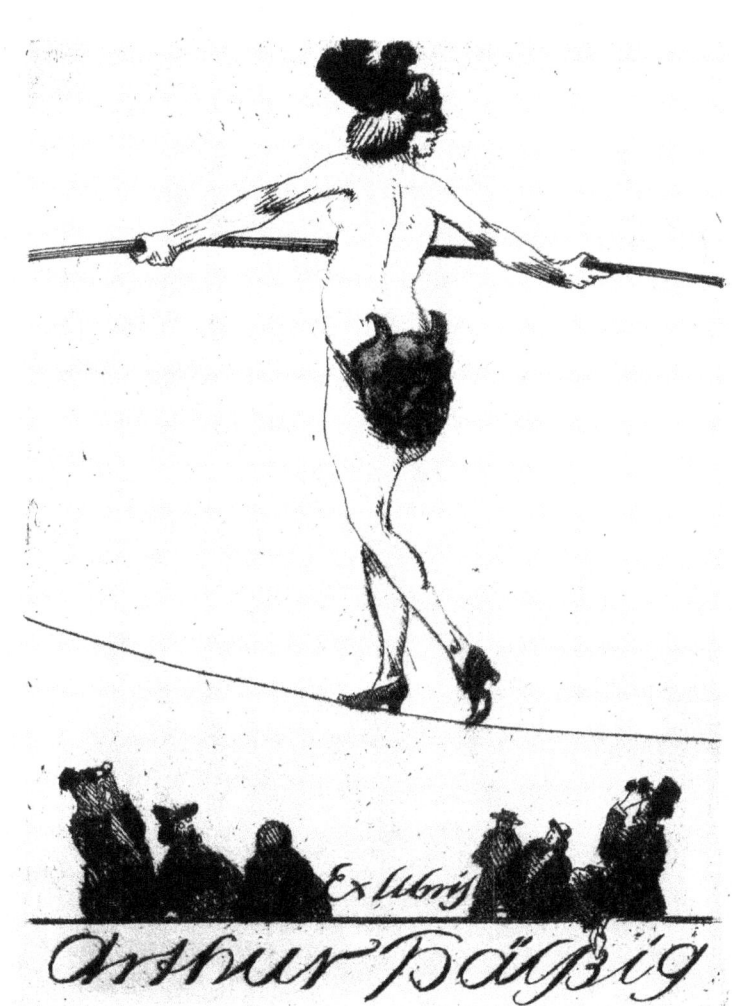

Ex Libris

Arthur Bäßig

Abb. 24
Georg Erler
für M. Negreanu

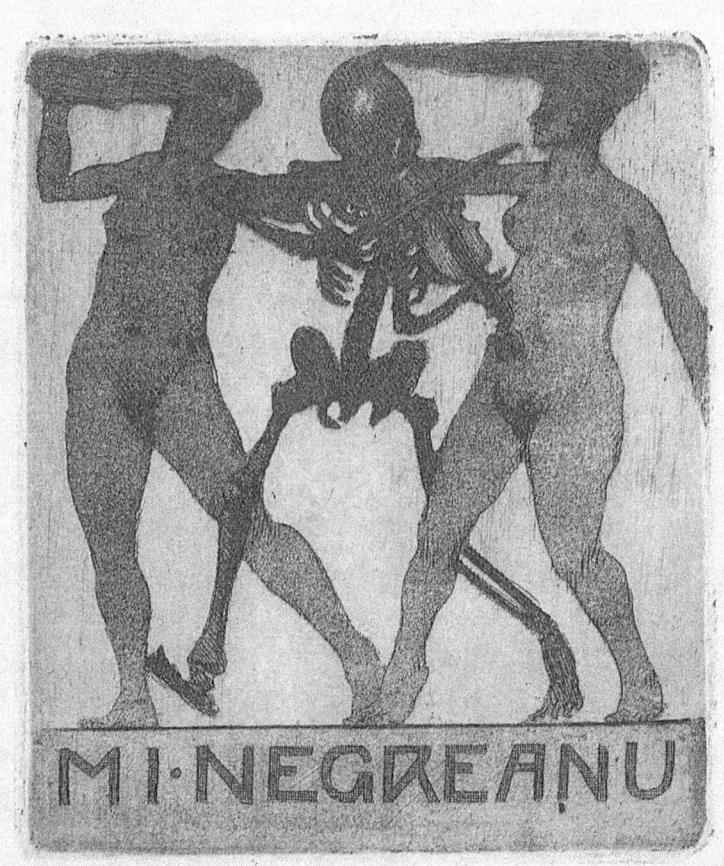

Abb. 25
Georg Erler
für Dr. Fischer-Defoy

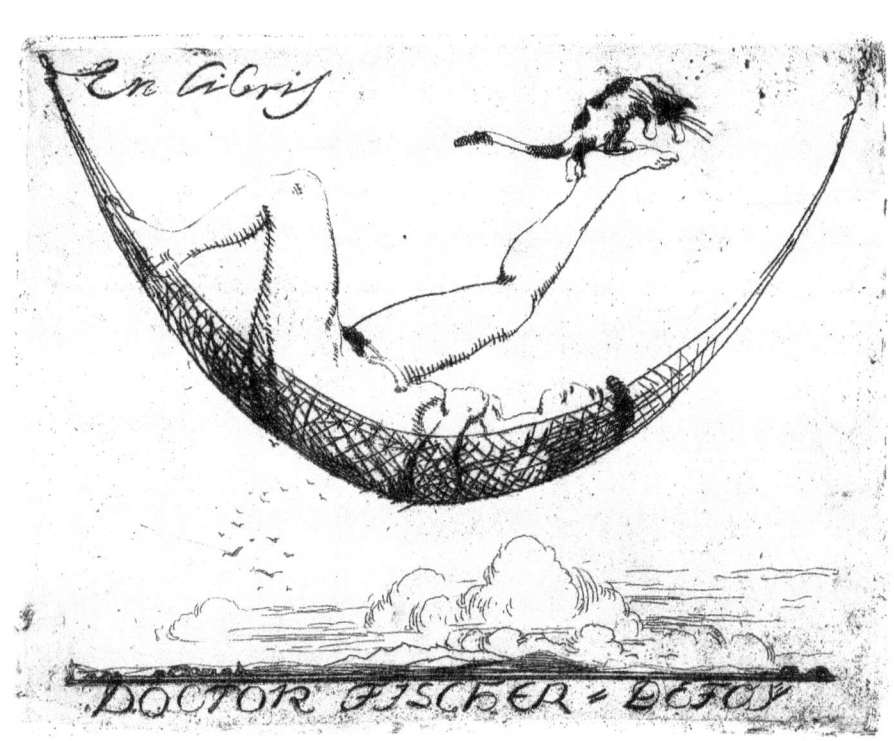

Abb. 26
Georg Erler
für Dr. Anna Kuchenbecker

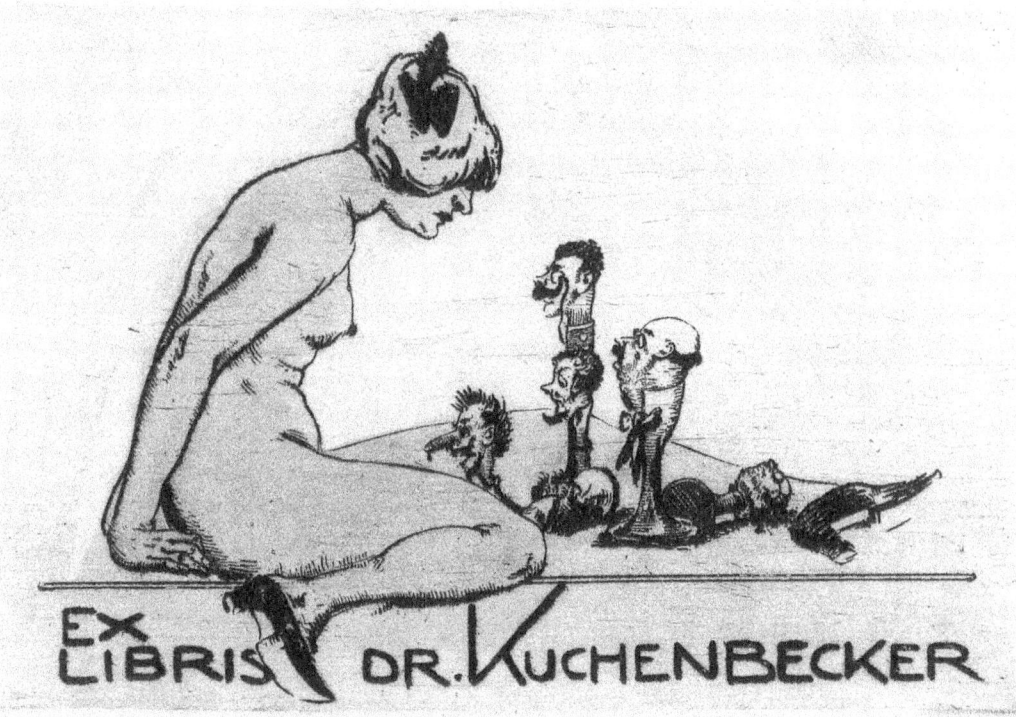

EX LIBRIS DR. KUCHENBECKER

Abb. 27
Joszef Faragó
für Gustav Dirner

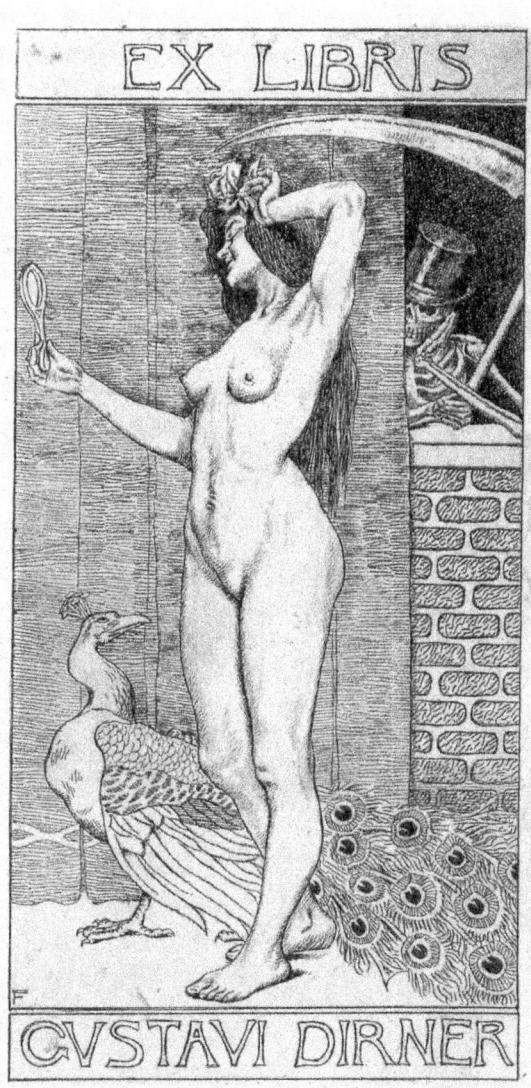

EX LIBRIS

GVSTAVI DIRNER

Abb. 28
Michel Fingesten
für Fritz Kleeberg

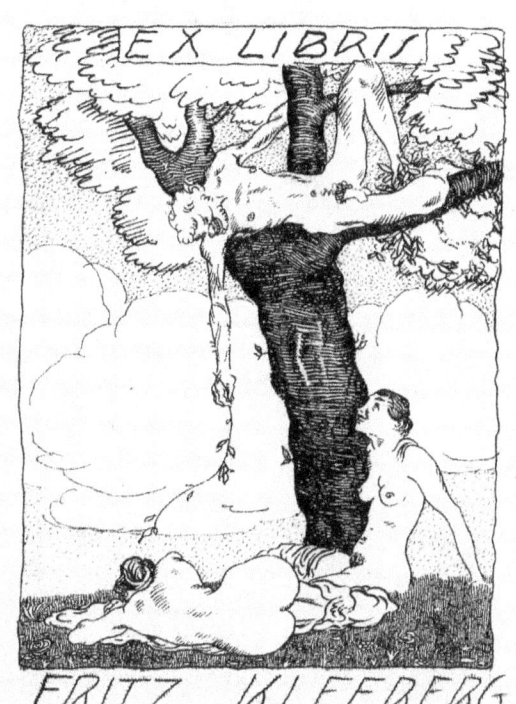

EX LIBRIS

FRITZ KLEEBERG

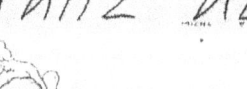

Abb. 29
Michel Fingesten
für Oskar Leuschner

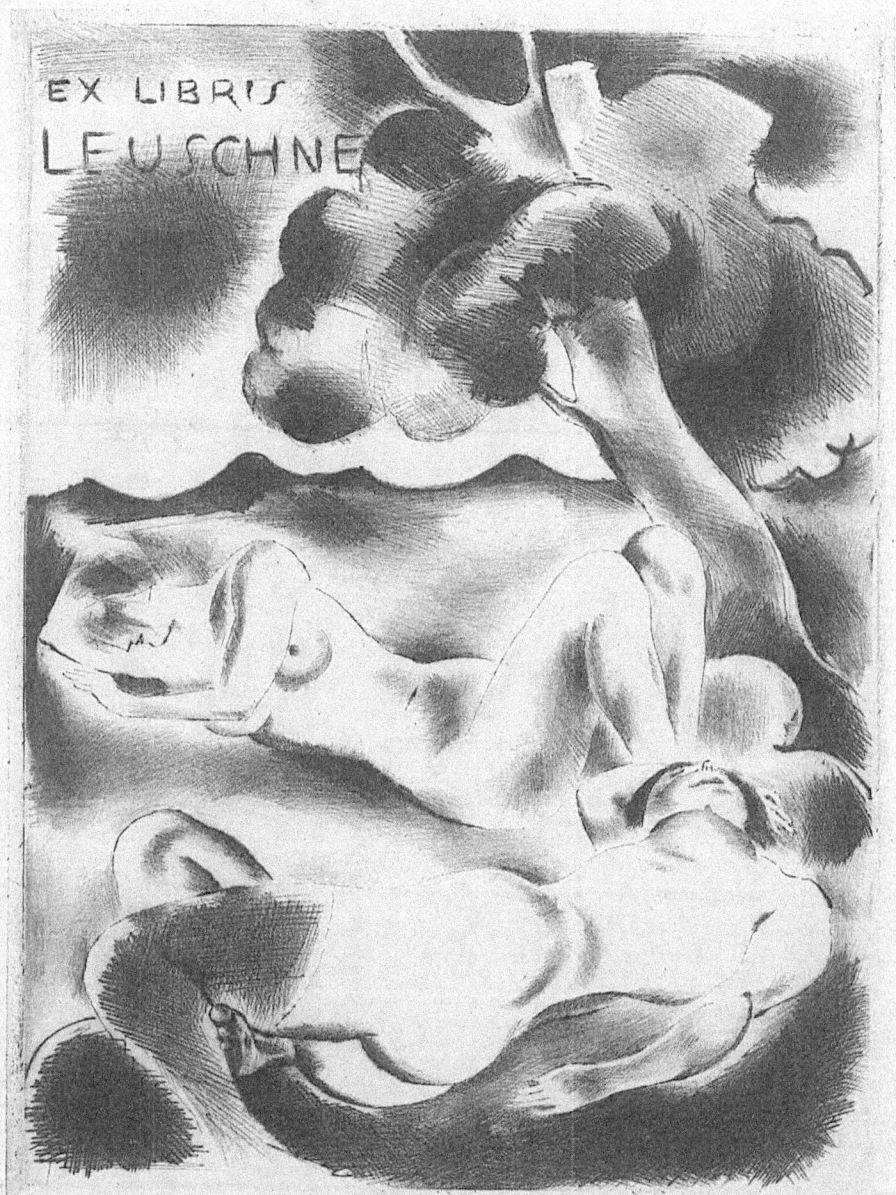

Abb. 30
Michel Fingesten
für Trude und Hugo Grätz

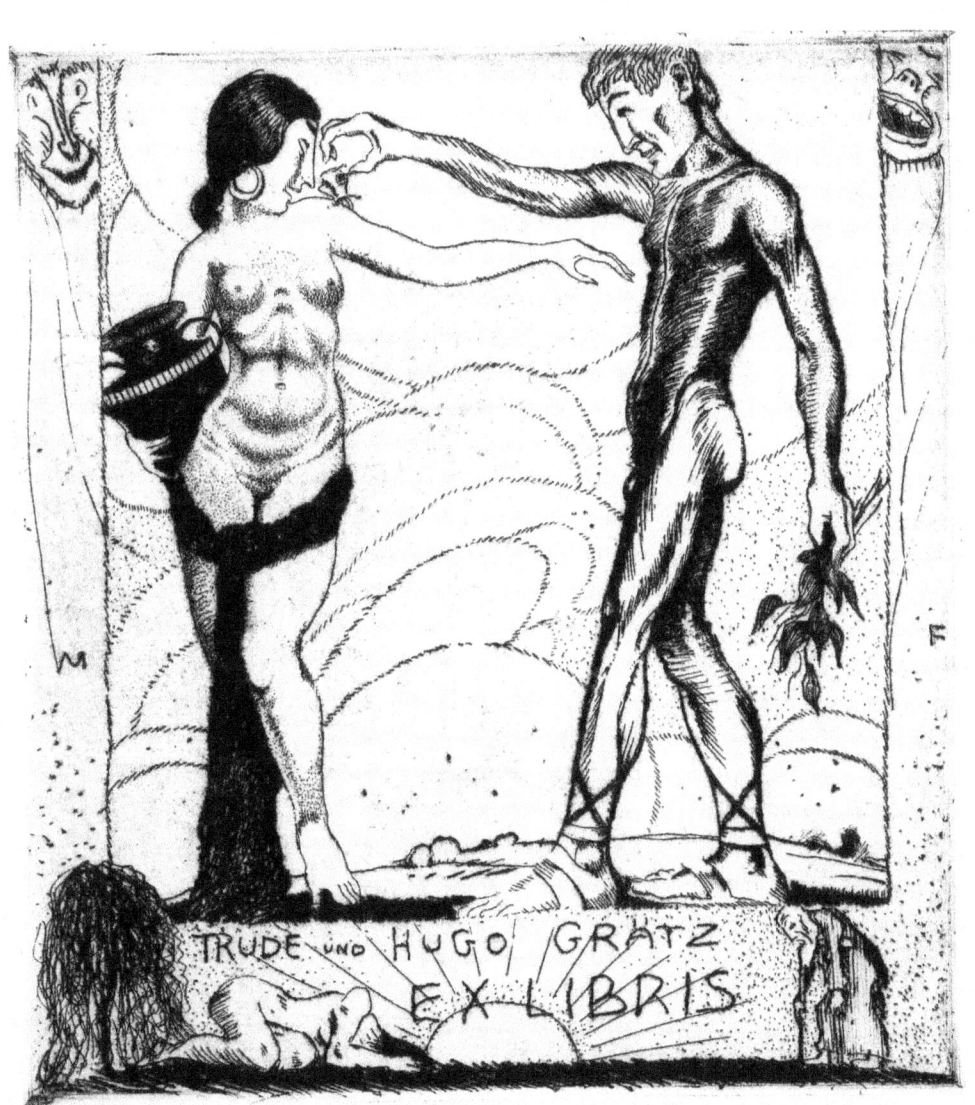

TRUDE und HUGO GRÄTZ
EX LIBRIS

Abb. 31
Helma Fischer-Oels
für Friedrich Ebeling

EX·LiBRiS
FRiEDRiCH
EBELiNG—

Abb. 32
Leo Frank
für Josef Saar
(1922)

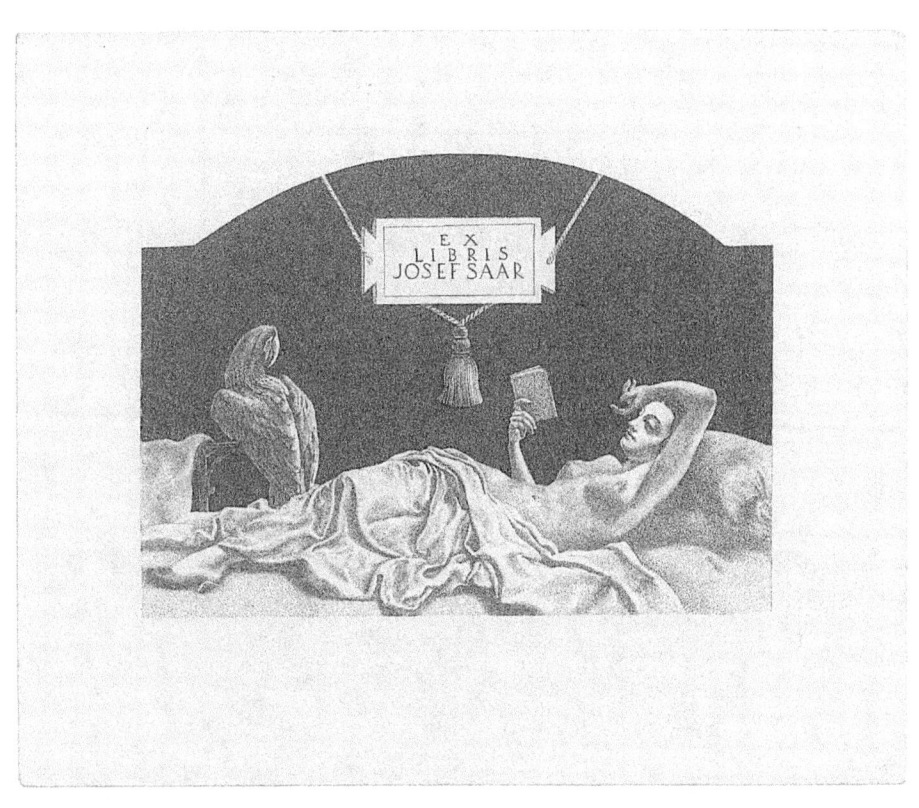

Abb. 33
Max Frey
Eigenblatt

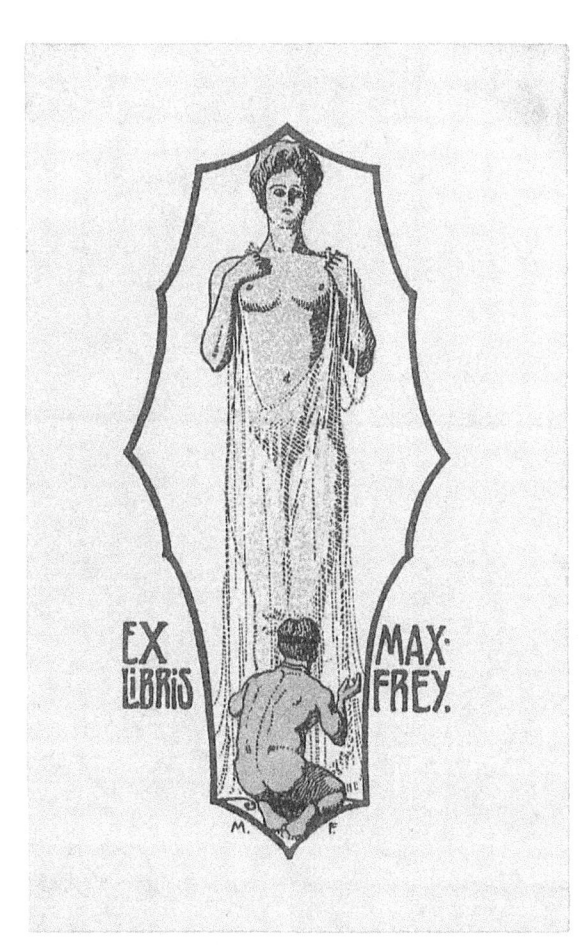

EX
LIBRIS   MAX·
                        FREY.

Abb. 34
Fritz Gässl
für Prof. Theodor Spiess

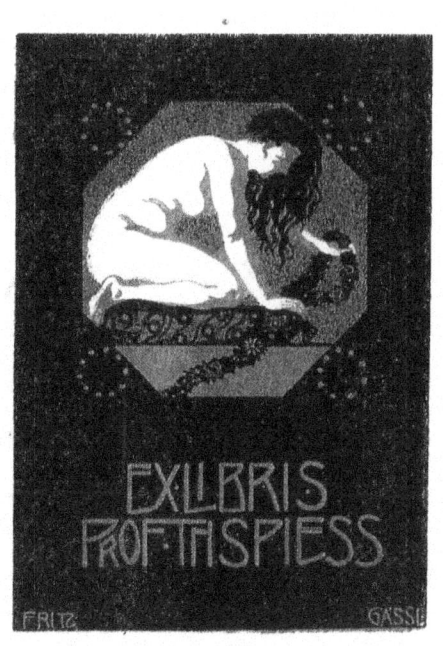

EXLIBRIS
PROF·TH·SPIESS

FRITZ   GÄSSL

Abb. 35
Willi Geiger
für Carl Friedrich Schulz-Euler
(d. i. C. F. Scultesi)
(1905)

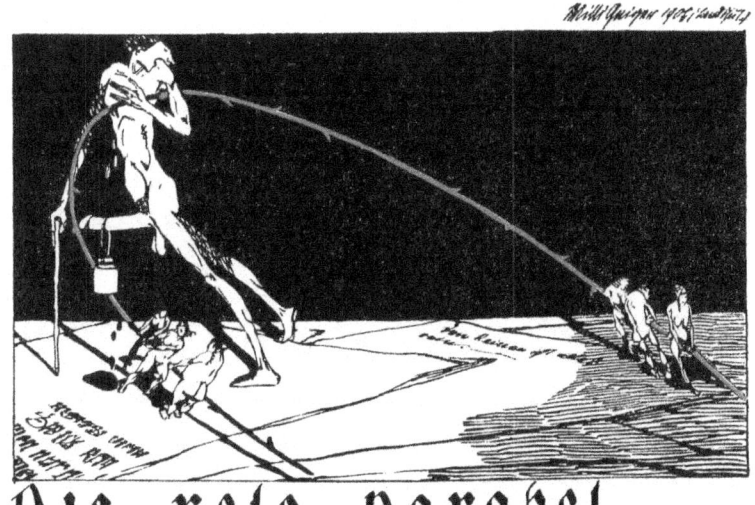

Abb. 36
Willi Geiger
für Hanns Wolfgang Rath
(1908)

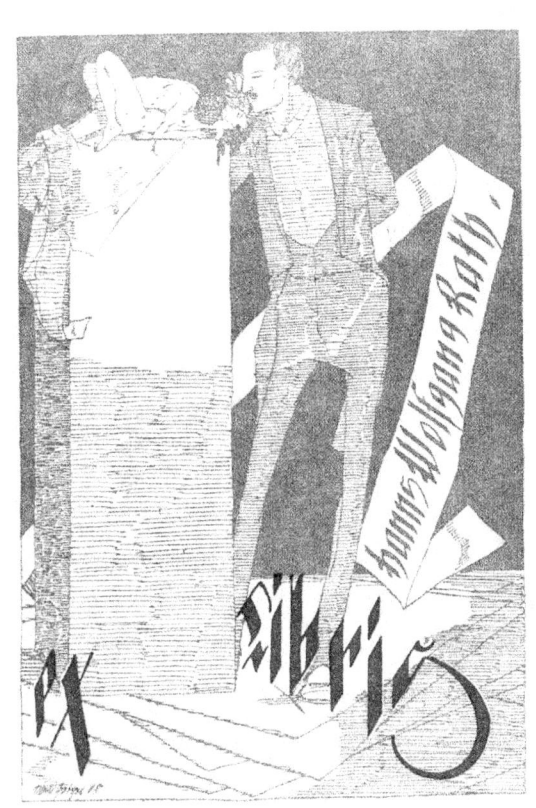

Abb. 37
Fritz Gilsi
für Dr. Paul Jüng

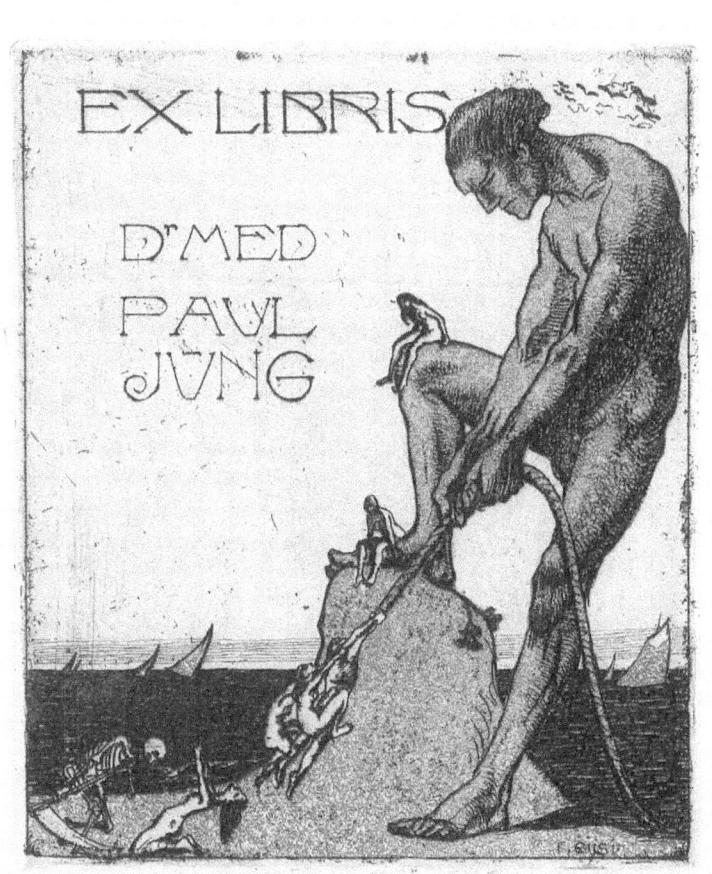

Abb. 38
Willi Habl
für Franz Buchholz
(1920)

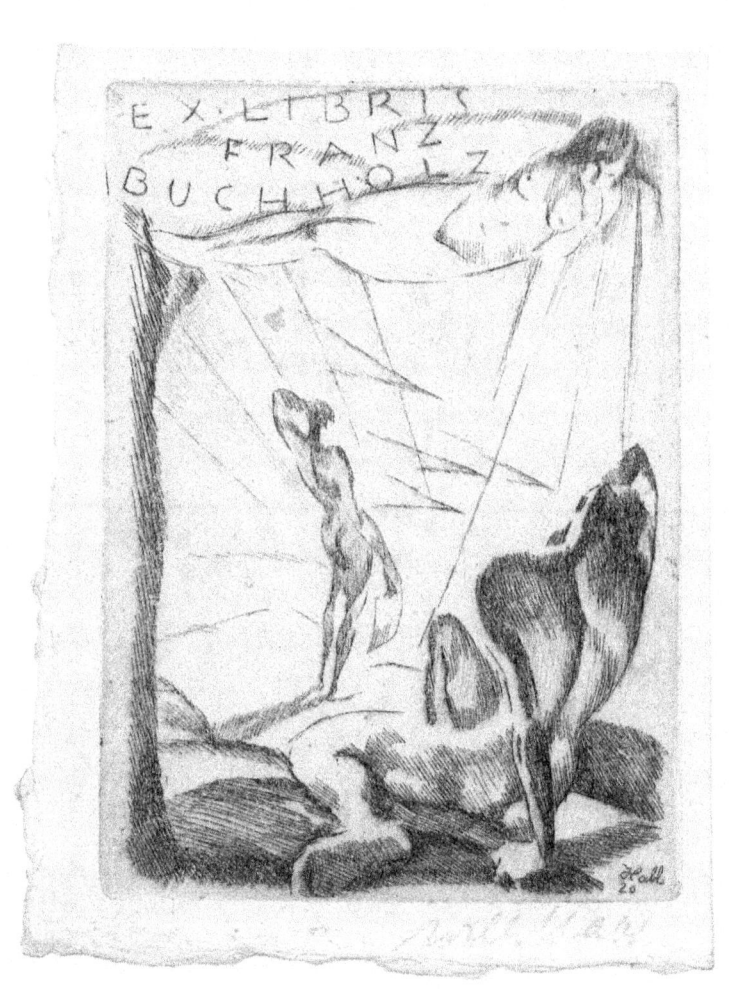

Abb. 39
Curt Hasenohr
für Eva Weber
(1909)

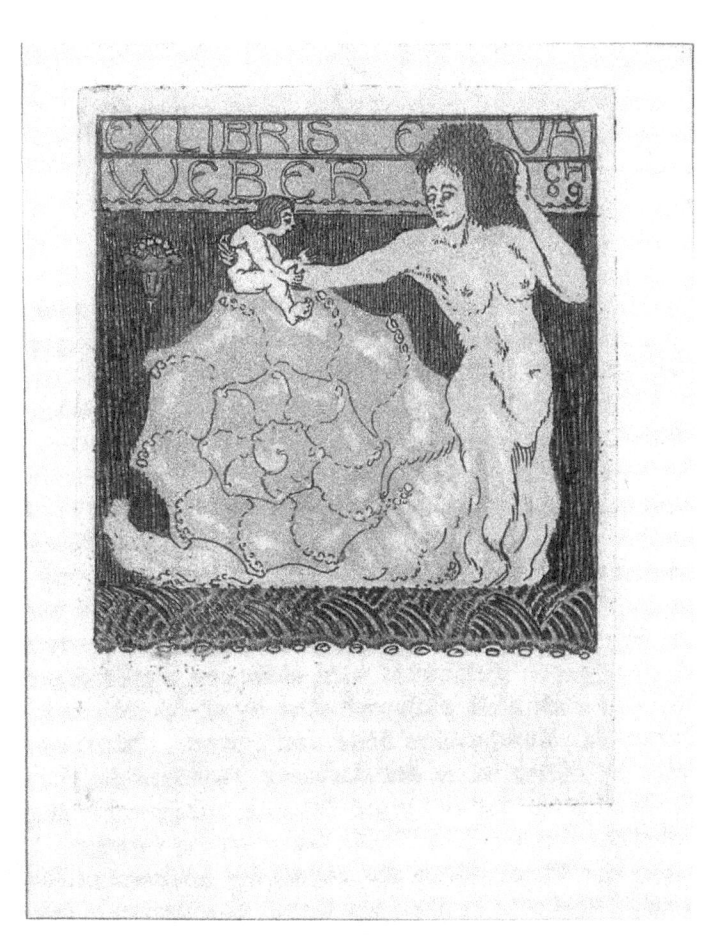

Abb. 40
Walter Helfenbein
für Herta Heeren

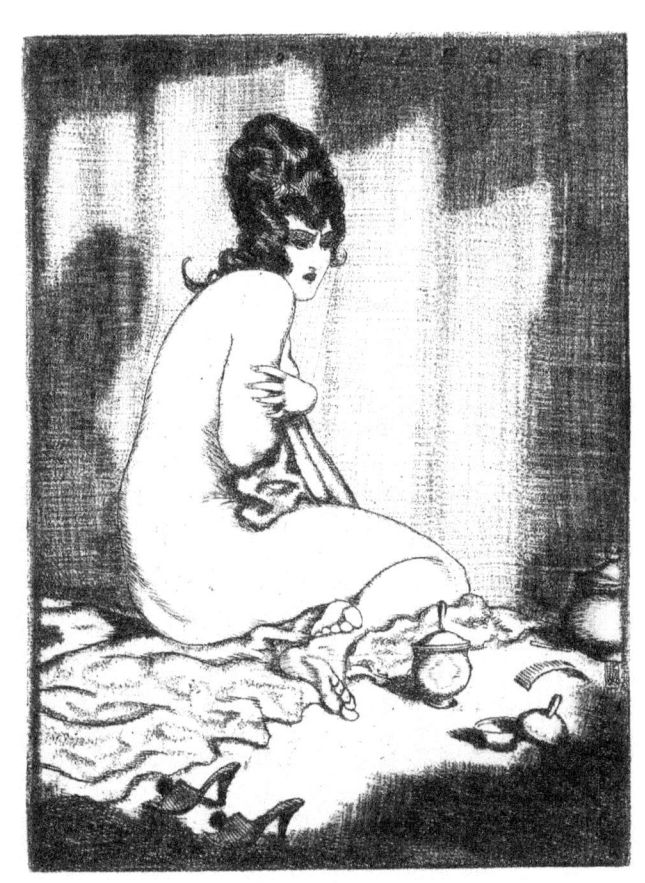

Abb. 41
Walter Helfenbein
für Otto Türk
(1922)

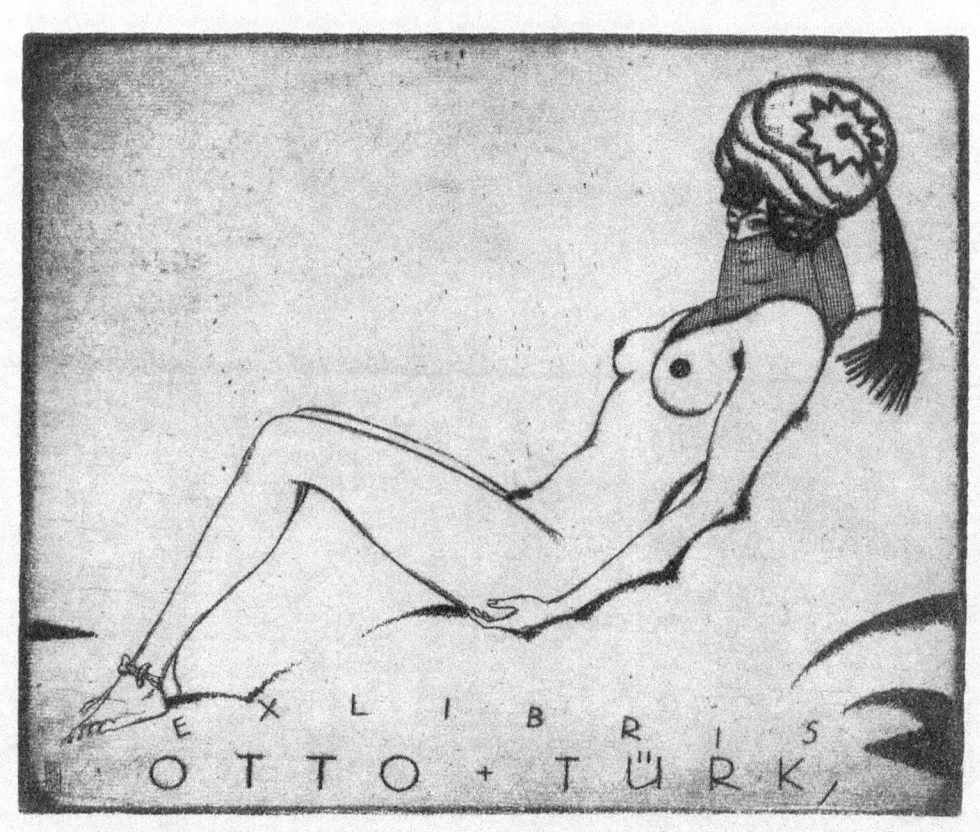

EX LIBRIS
OTTO + TÜRK,

Abb. 42
Walter Helfenbein
für Erich Dorschfeldt

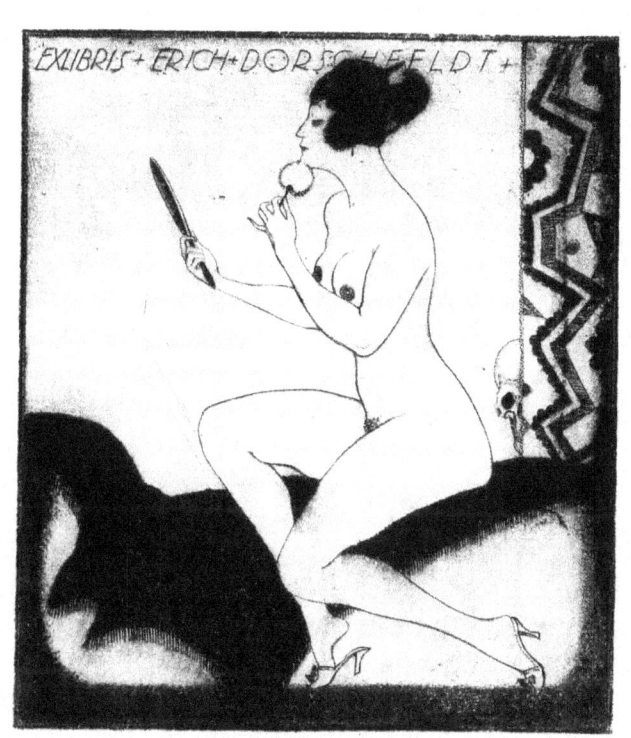

Abb. 43
Bruno Héroux
Eigenblatt
(1910)

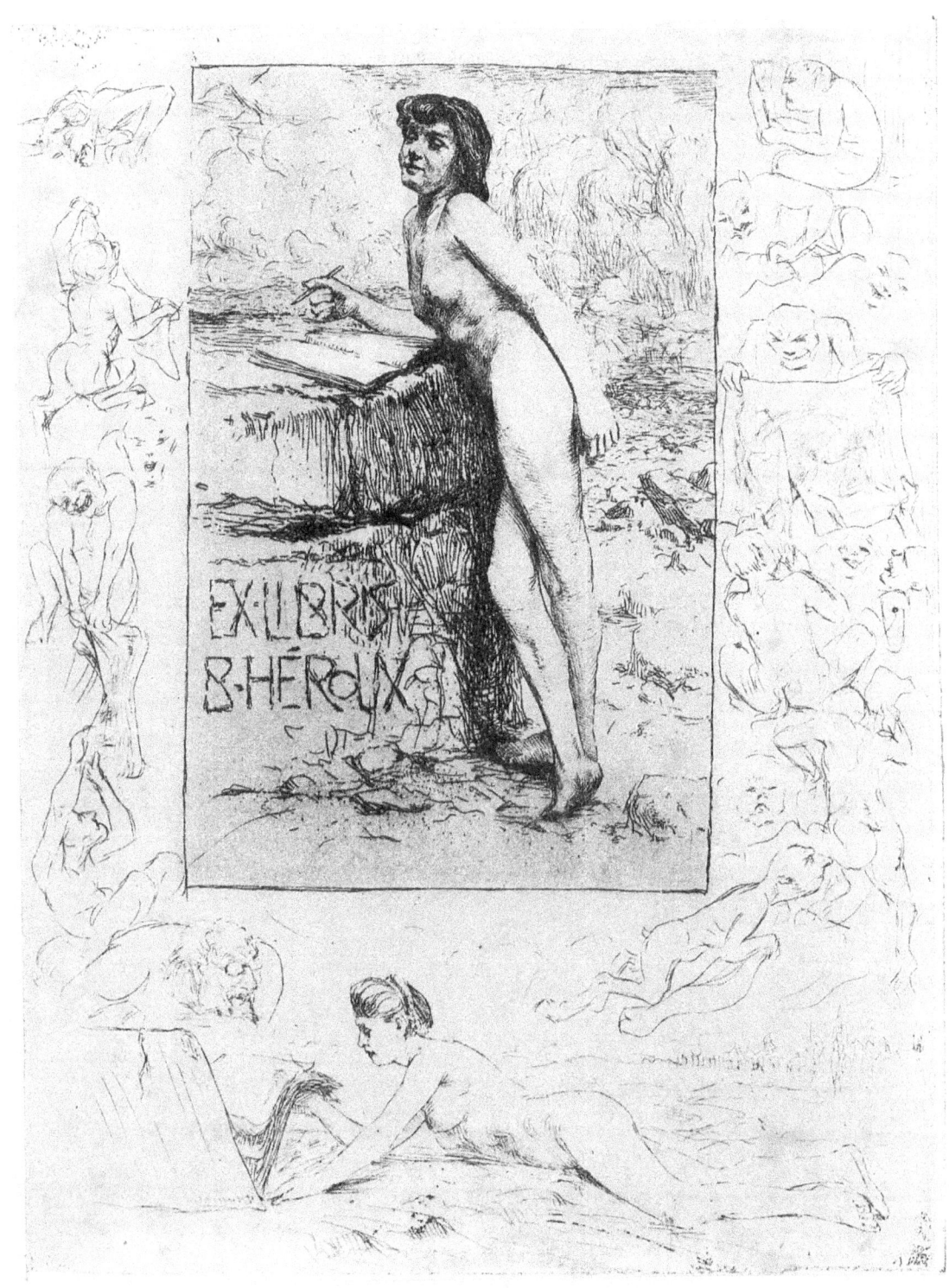

Abb. 44
Bruno Héroux
für Julius Gussmann

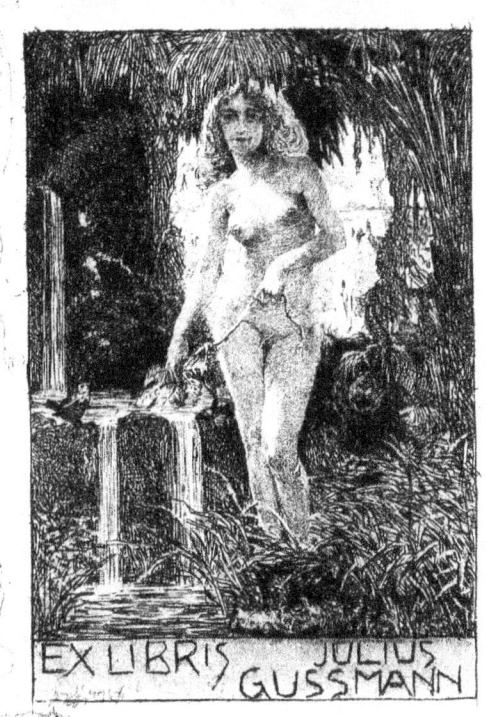

EX LIBRIS JULIUS GUSSMANN

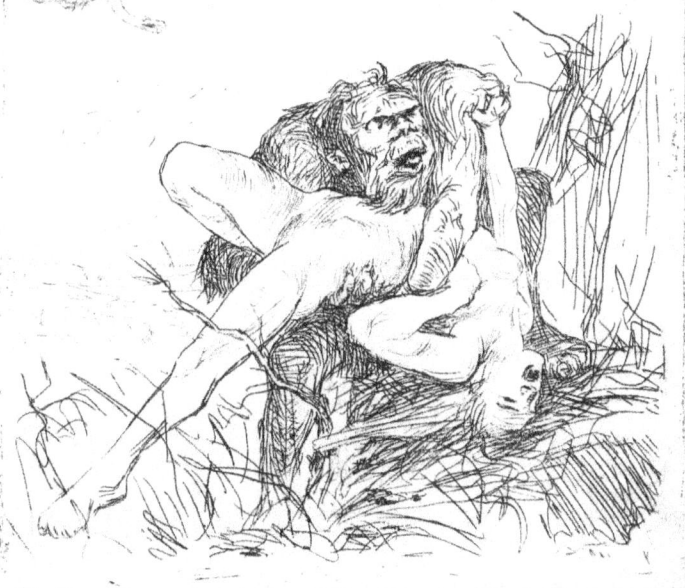

Abb. 45
Ludwig Hesshaimer
für Gusti und Alfred Kaufmann
(1932)

Abb. 46
Ludwig Hesshaimer
für Rudolf Kulmburg
(1921)

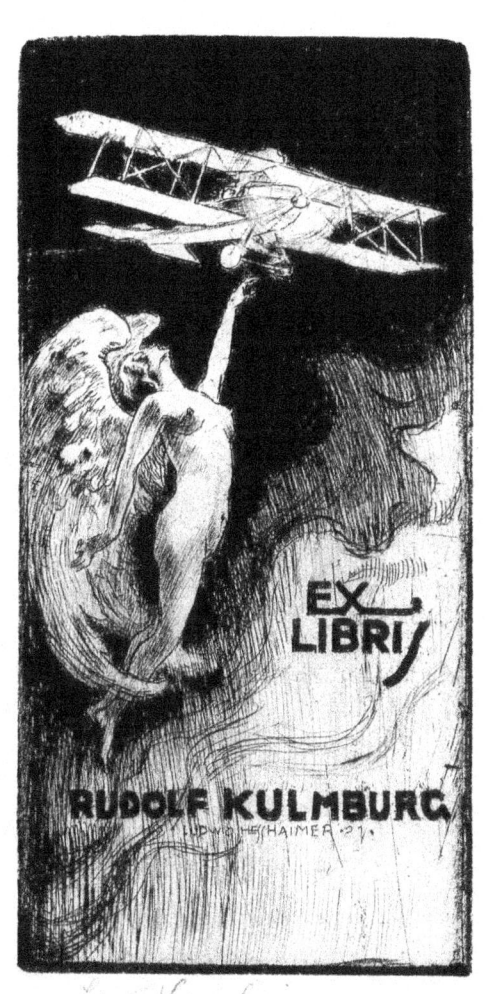

Abb. 47
Rudolf Jettmar
für Victor Singer

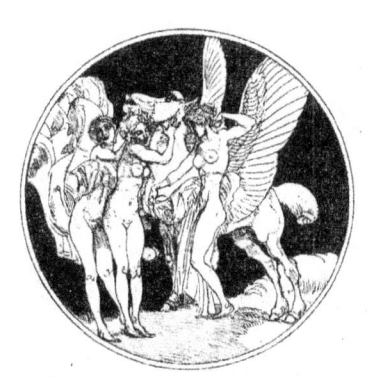

EX·LIBRIS
VICTOR·SINGER

Abb. 48
Georg Jilovsky
für Otto Skall
(1906)

: EX LIBRIS :

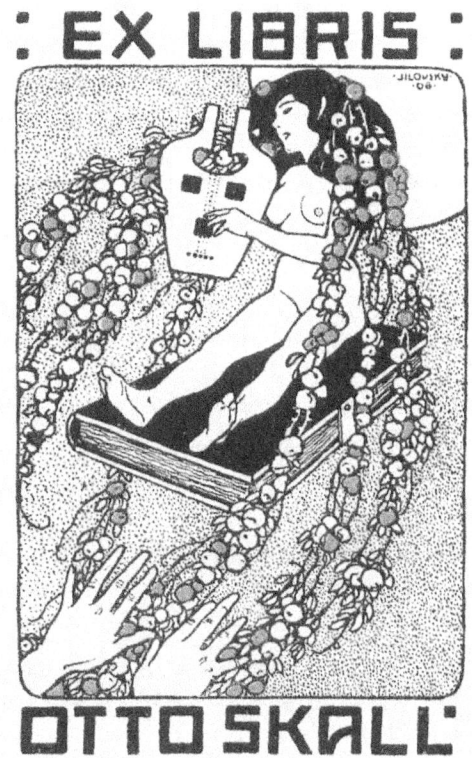

OTTO SKALL

Abb. 49
Julibert
für Miguel Gras Vila
(1919)

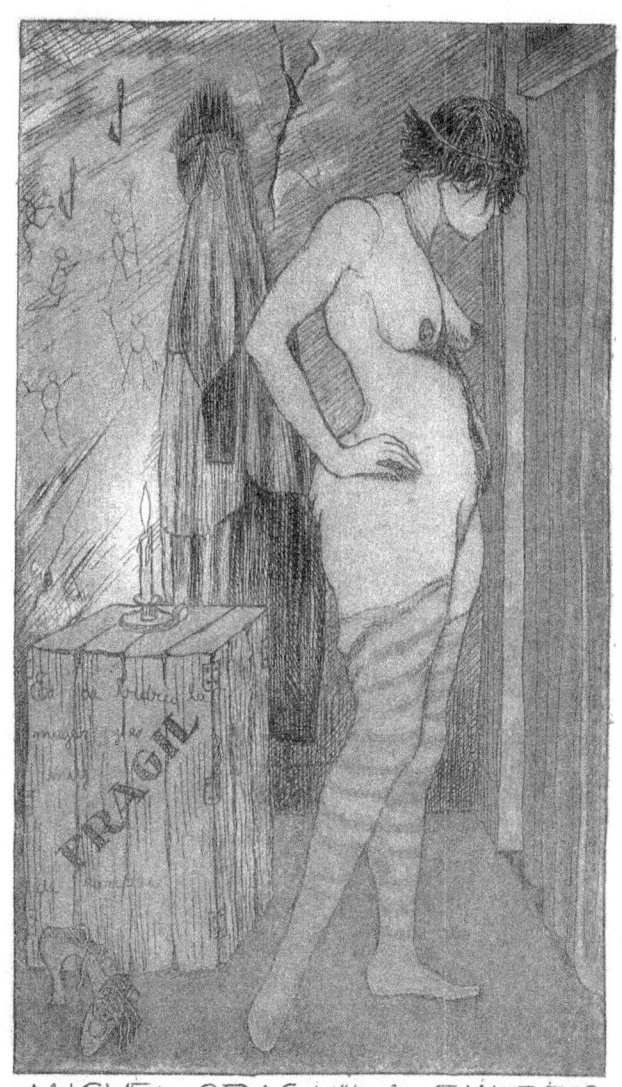

MIGVEL GRAS VILA EX·LIBRIS

N° 17   JVLIBERT XIX

Abb. 50
Max Klinger
für Arthur Haferkorn
(1911)

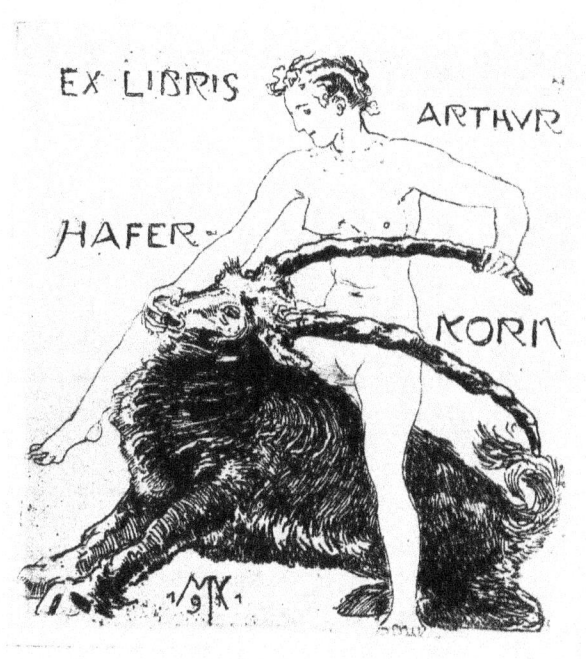

Abb. 51
Ephraim Moses Lilien
Eigenblatt

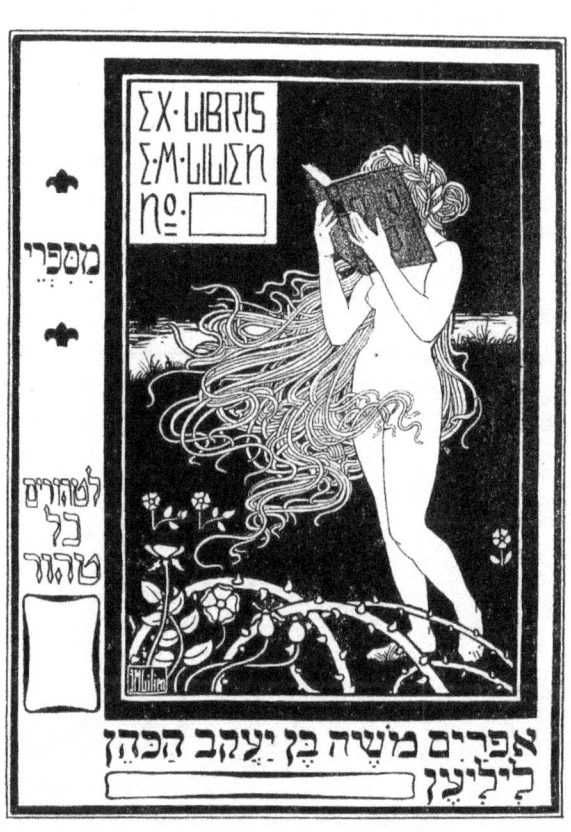

Abb. 52
Franz Marc
Eigenblatt

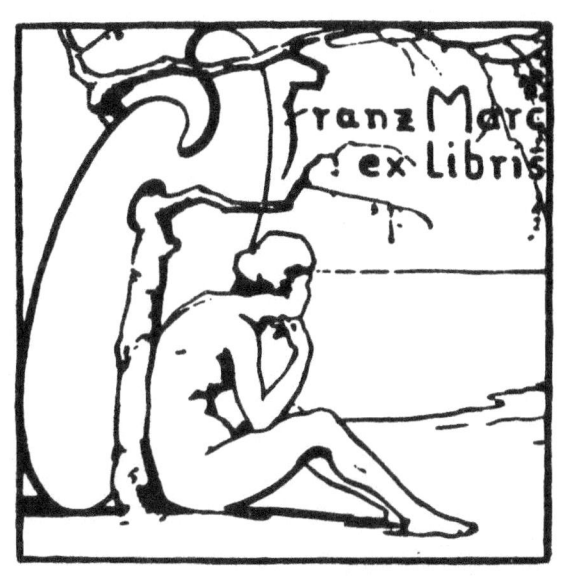

Abb. 53
Georg Mayr
für Heinrich Graf
(1916)

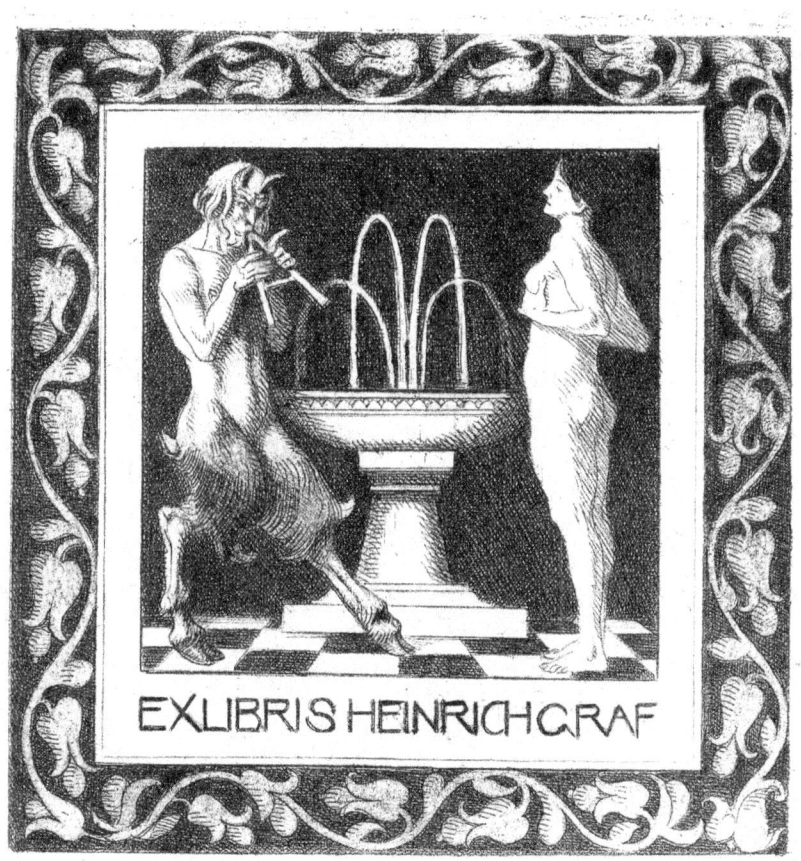

EXLIBRIS HEINRICH GRAF

Abb. 54
Agnes Meyerhof
Eigenblatt
(1909)

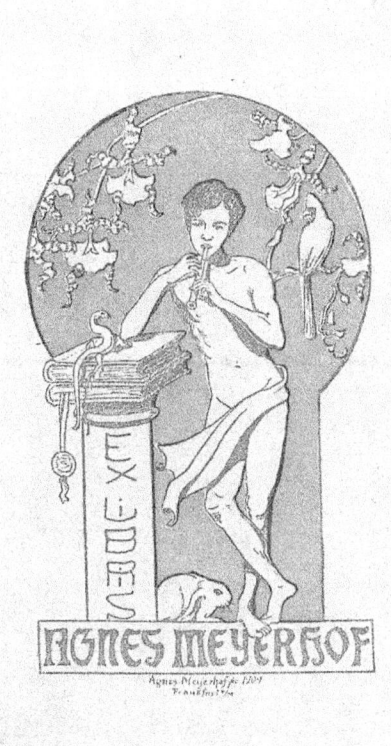

Abb. 55
Karl Michel
für Julius Schwarzer

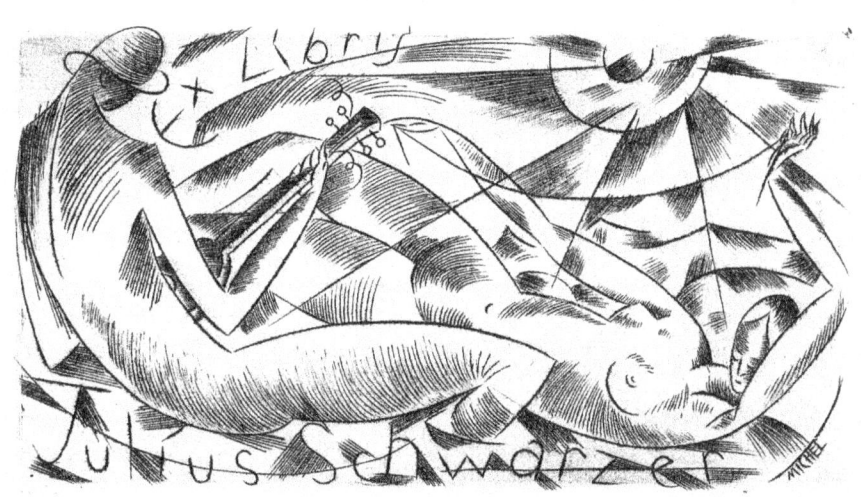

Abb. 56
Fritz Mock
für Richard Braungart

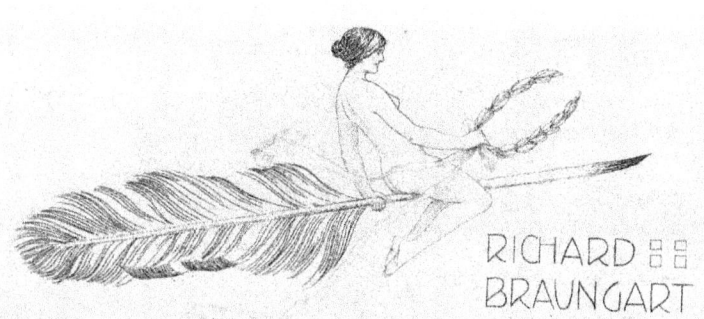

Abb. 57
Reinhold Nägele
für Elisabeth Tropp
(1923)

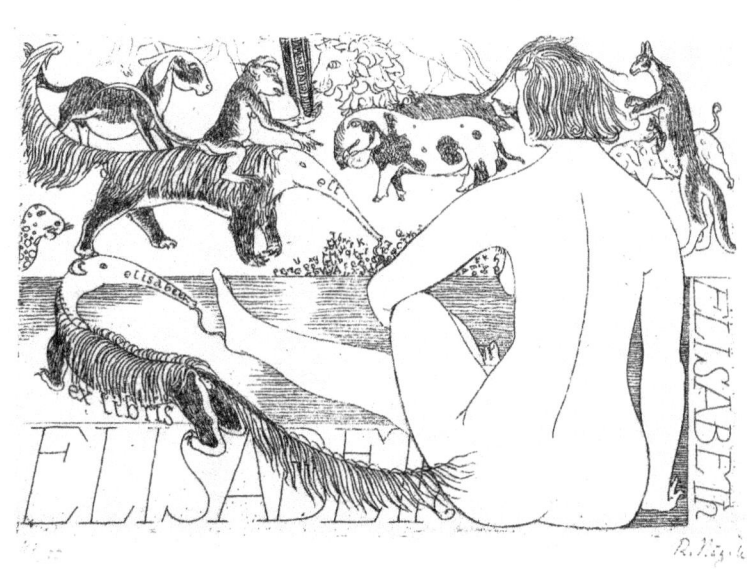

Abb. 58
Emil Orlik
für Dr. Richard Koreff

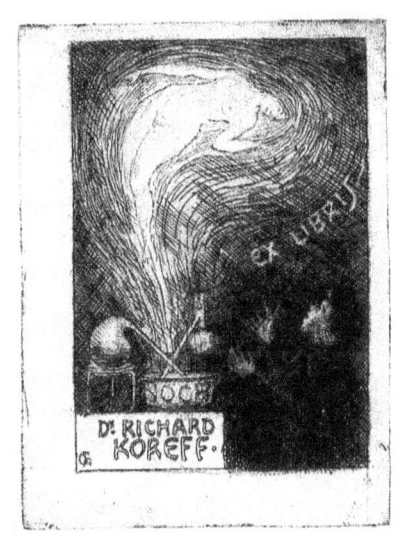

Abb. 59
Martin E. Philipp
für Käte Kaden
(1912)

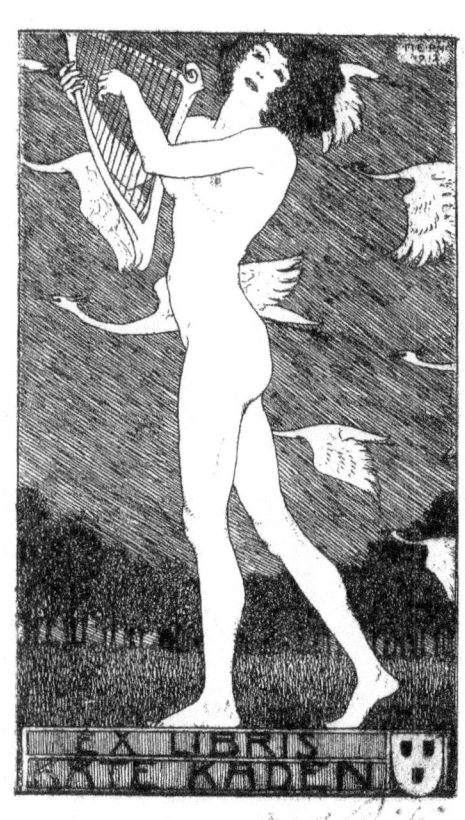

Abb. 60
Martin E. Philipp
für Dr. Anna Kuchenbecker
(1915)

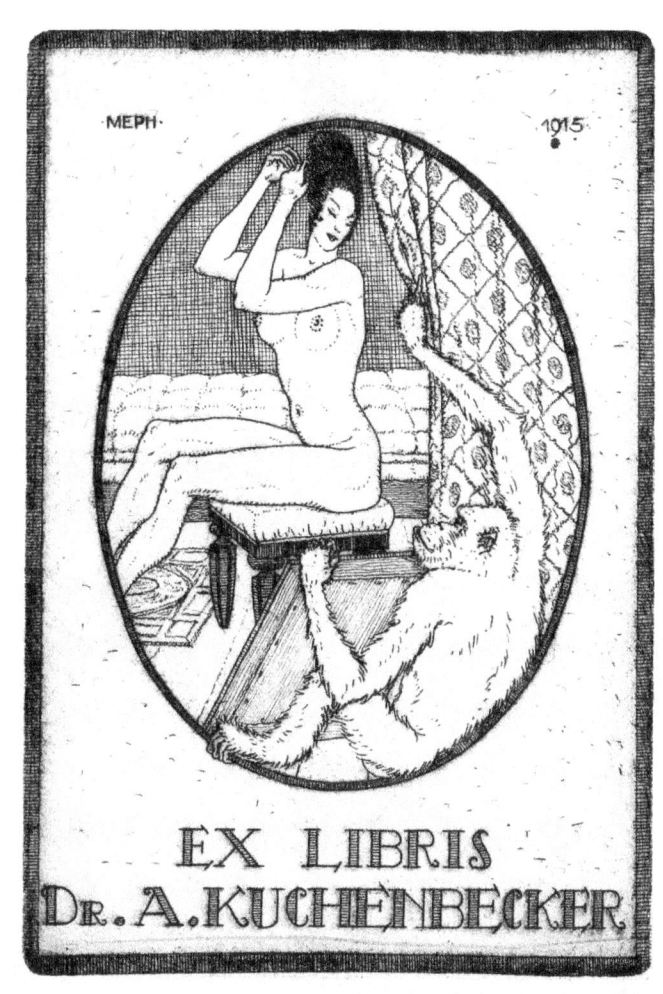

EX LIBRIS
Dr. A. KUCHENBECKER

Abb. 61
Martin E. Philipp
für Julius Opitz
(1953)

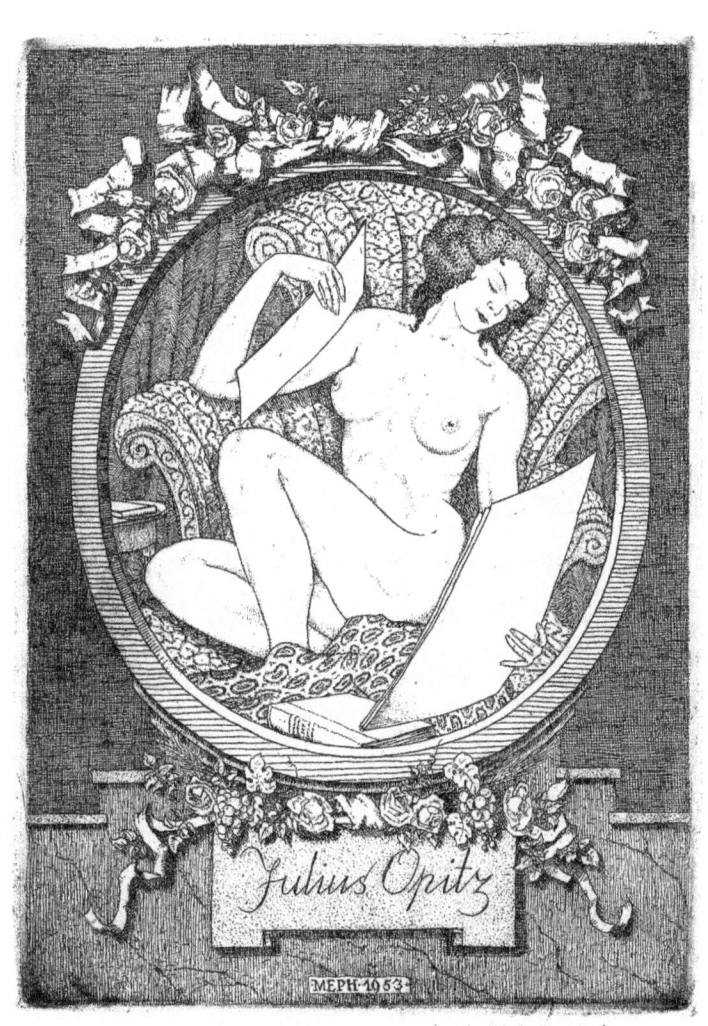

Julius Opitz

MEPH·1053·

Abb. 62
Emil Pirchan
für Hans Dimmer

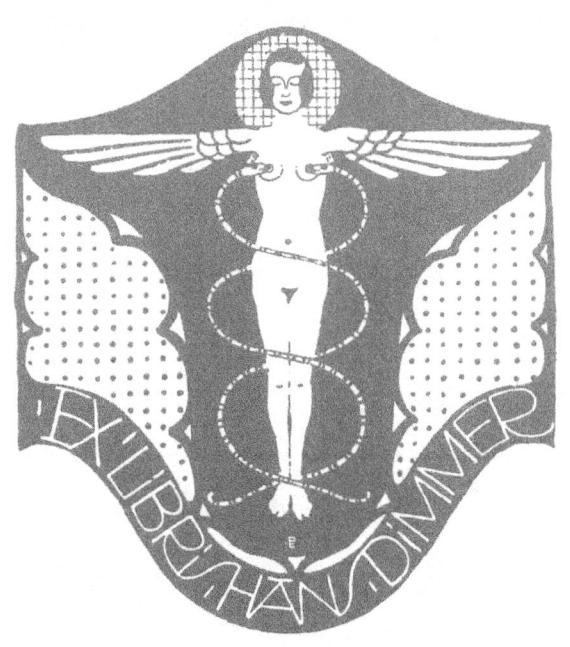

Abb. 63
Gregor Rabinovitch
für A. R. Peytrigne
(1919)

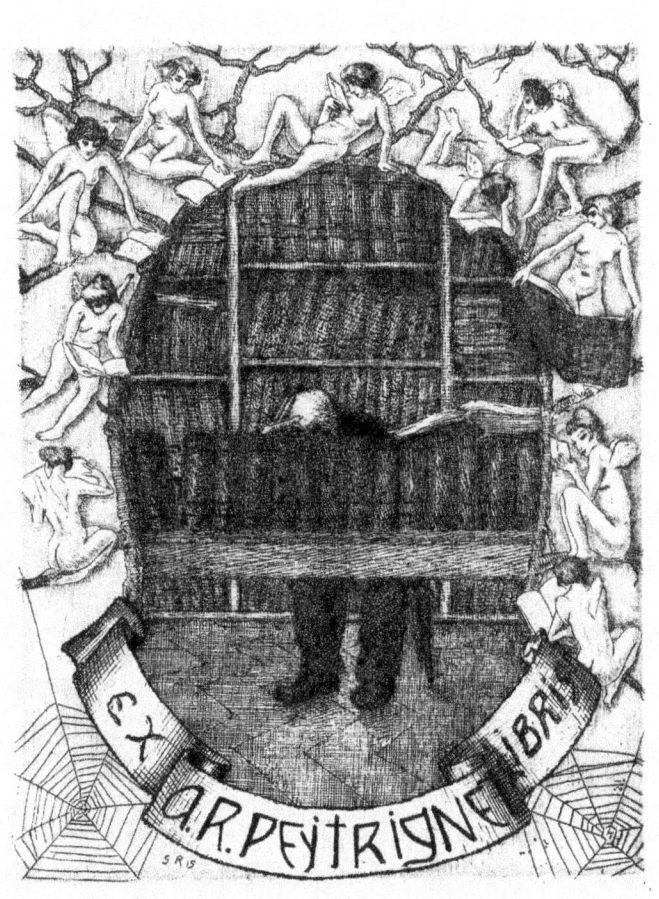

Abb. 64
Armand Rassenfosse
für Etienne Kellner

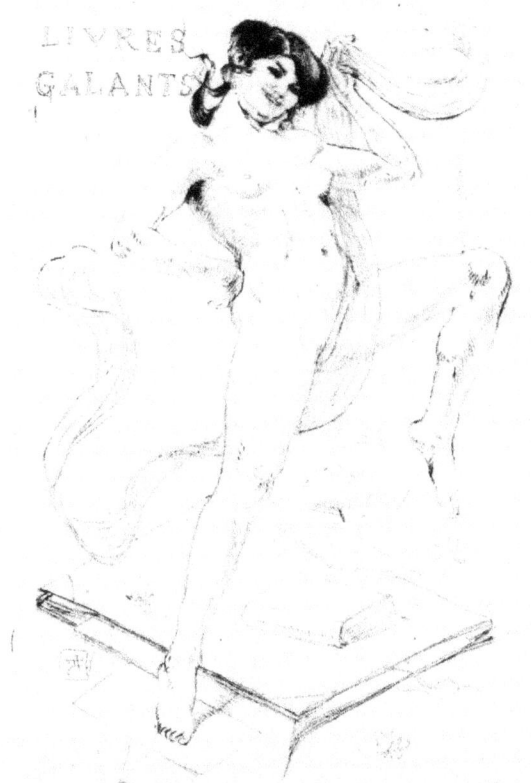

ETIENNE KELLNER

Abb. 65
Armand Rassenfosse
für Dr. Josef Klüber

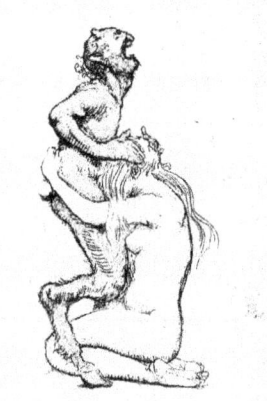

EX LIBRIS EROTICIS
DR J.KLÜBER

Abb. 66
Lora Rippmann
für Frieda von Mandack

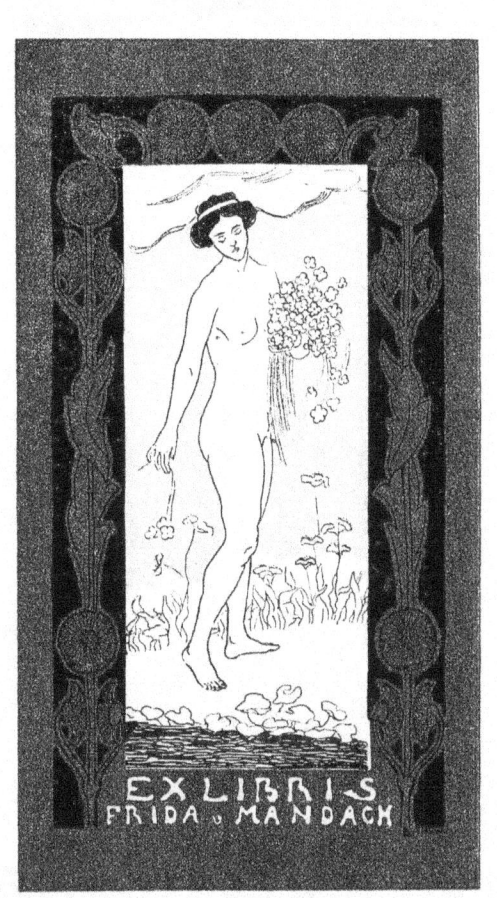

Abb. 67
Alexandre de Riquer
Eigenblatt
(1903)

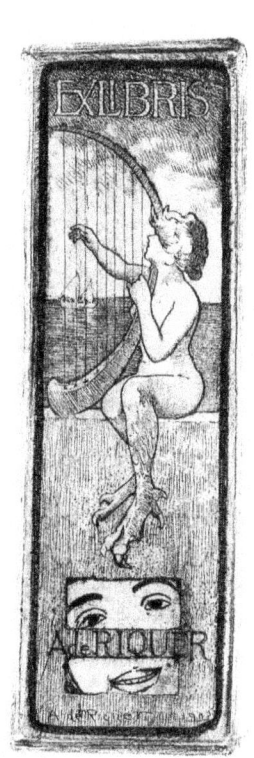

Abb. 68
Alexandre de Riquer
Eigenblatt
(1903)

EX LIBRIS

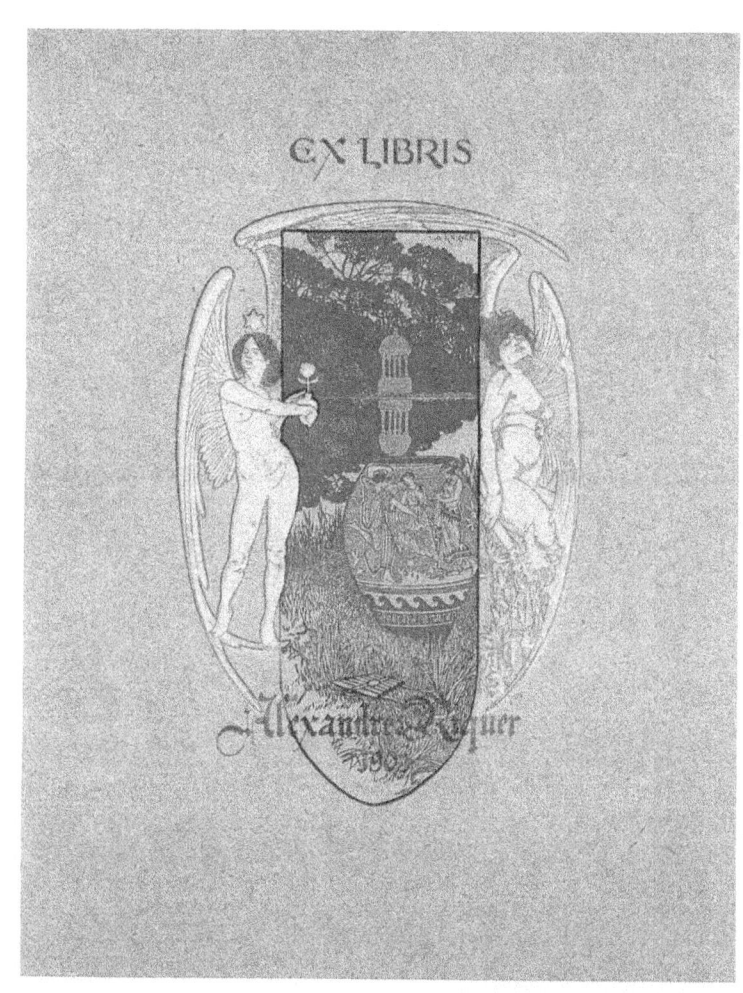

Abb. 69
Karl Ritter
vor der Schrift

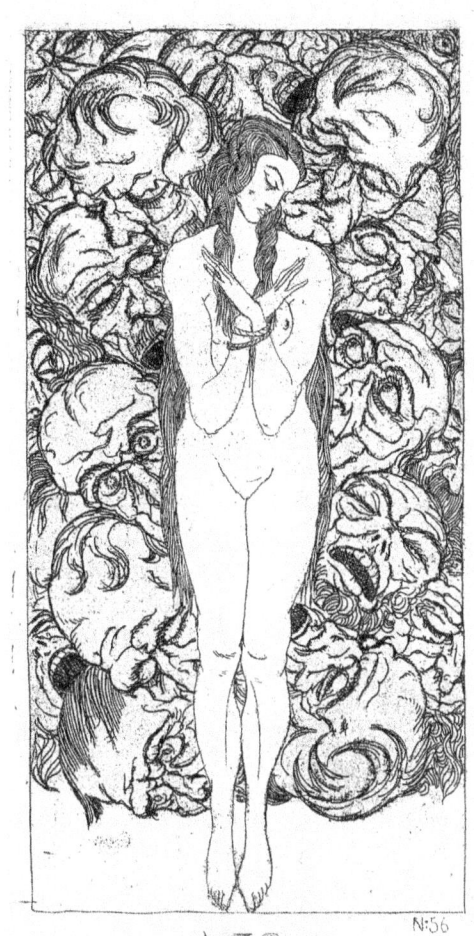

N:56

Abb. 70
Karl Ritter
für Albert Wustl

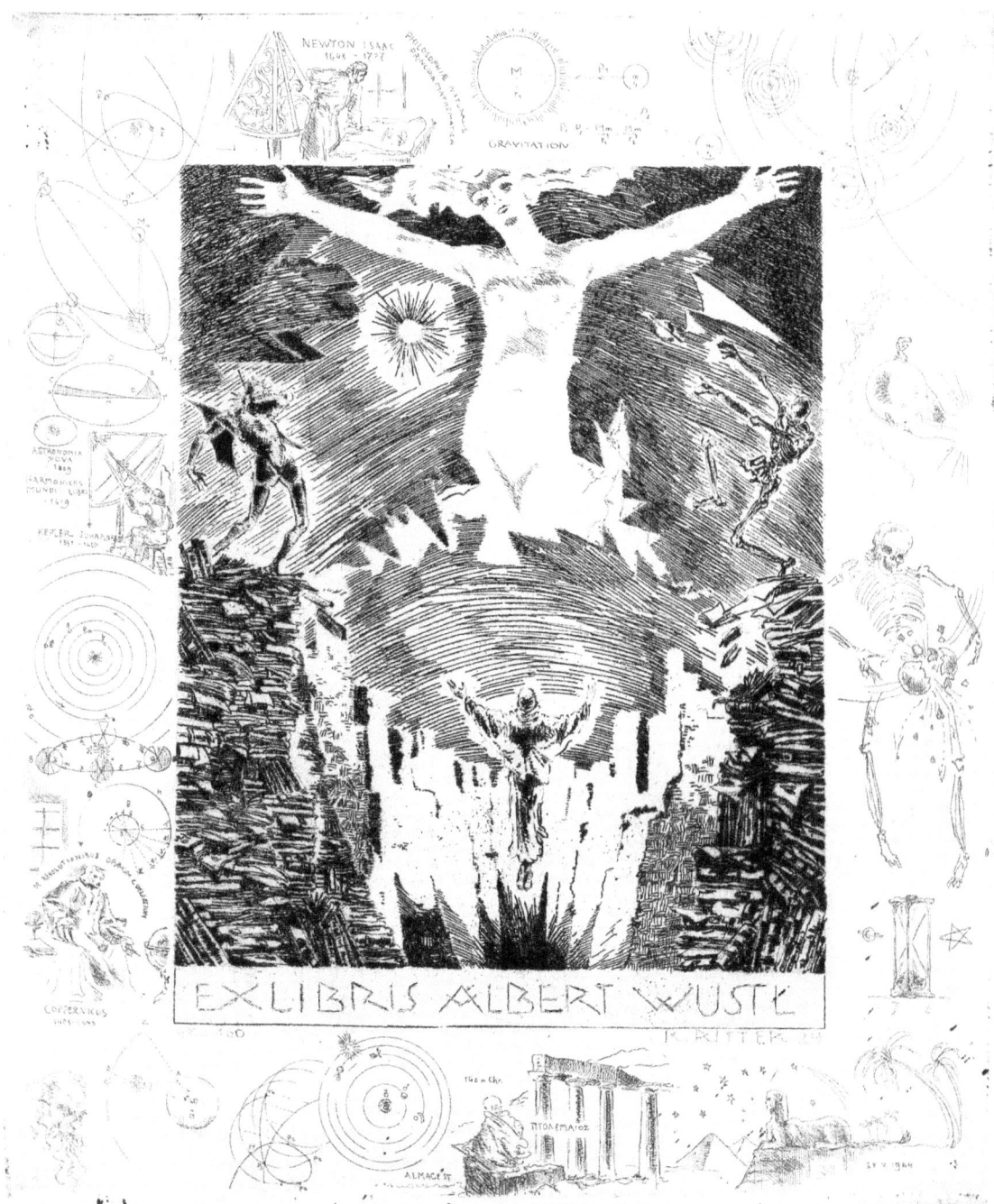

EX LIBRIS ÆLBERT WÜSTL

Abb. 71
Karl Ritter
für Hugo Sanner
(1921)

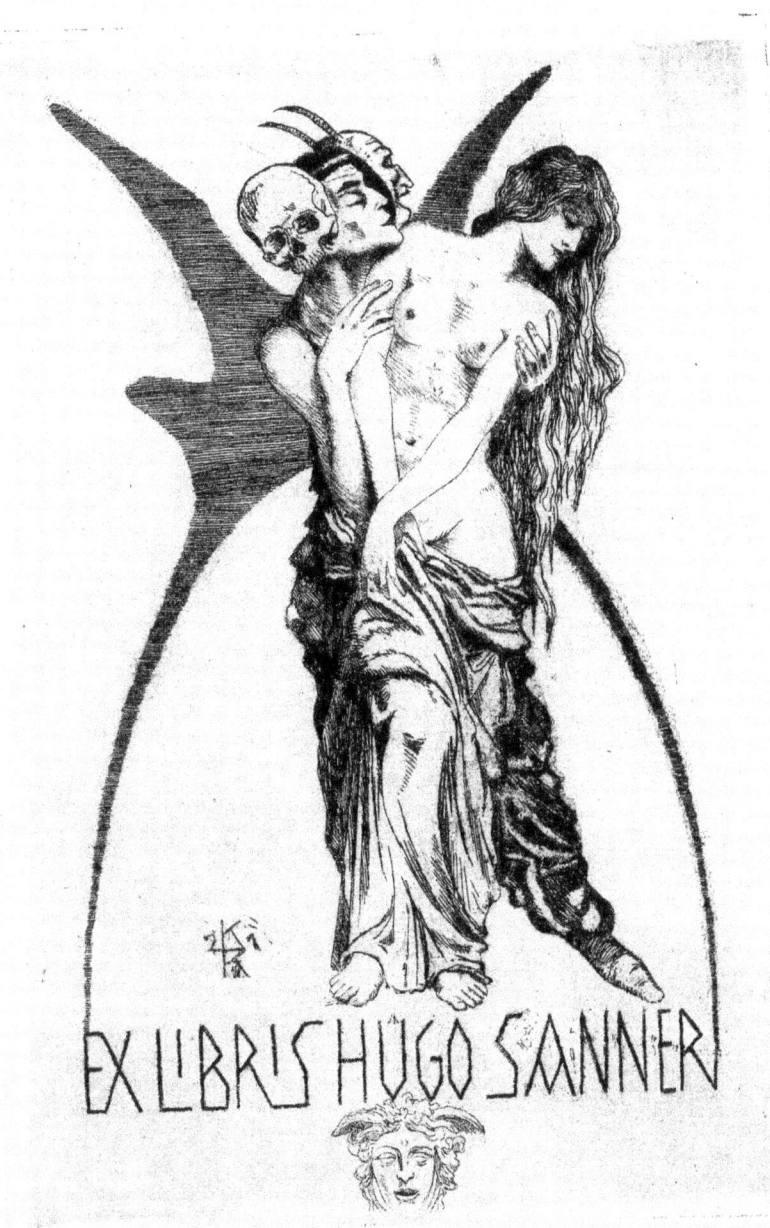

EX LIBRIS HUGO SONNER

Abb. 72
Max Schenke
für Artur Henne

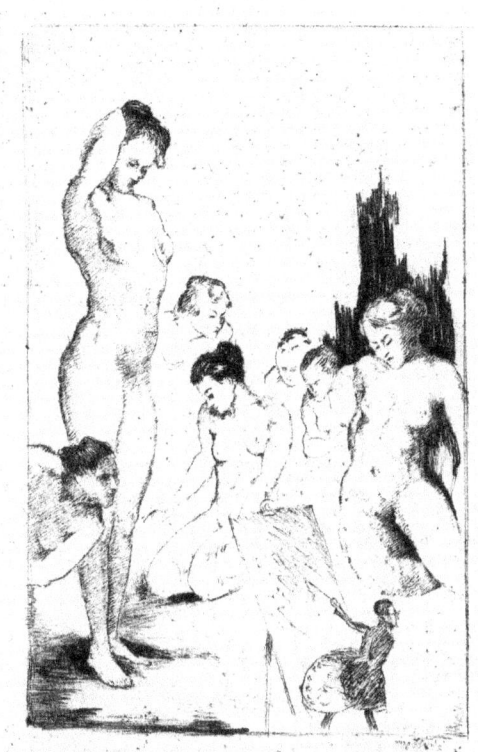

ARTVR HENNE

Abb. 73
Karl Schmidt-Rottluff
für Helene Weiske

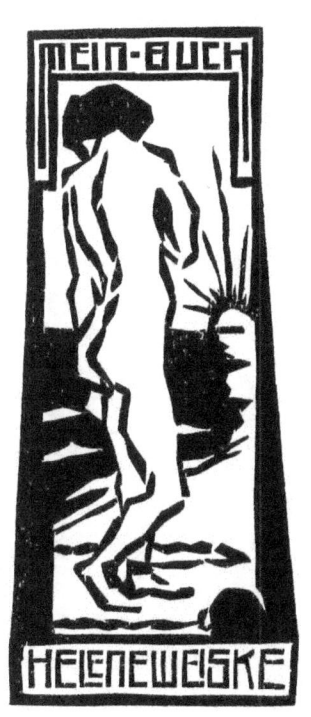

Abb. 74
Rolf Schott
für Max Kaufmann
(1919)

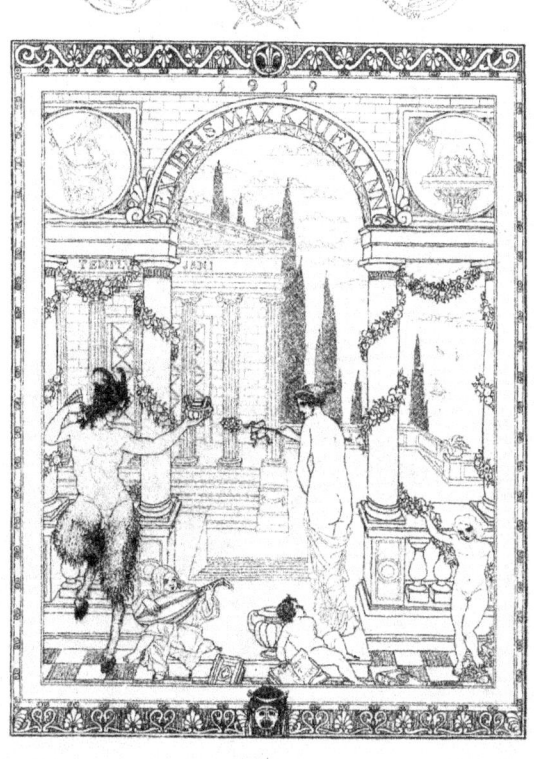

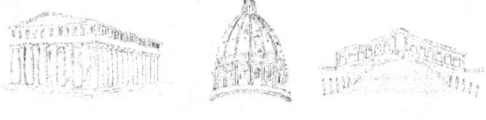

Abb. 75
Rolf Schott
für Emil und Hanna Epple
(1917)

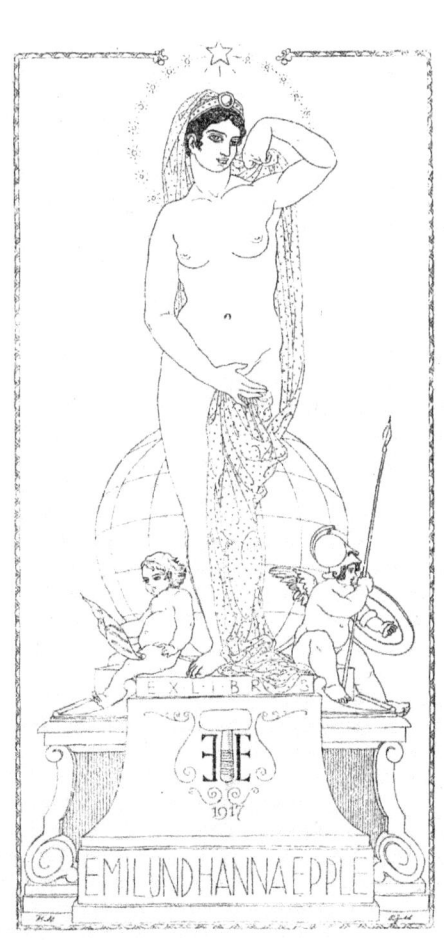

Abb. 76
Carl Schwalbach
für Otto Kayser
(1906)

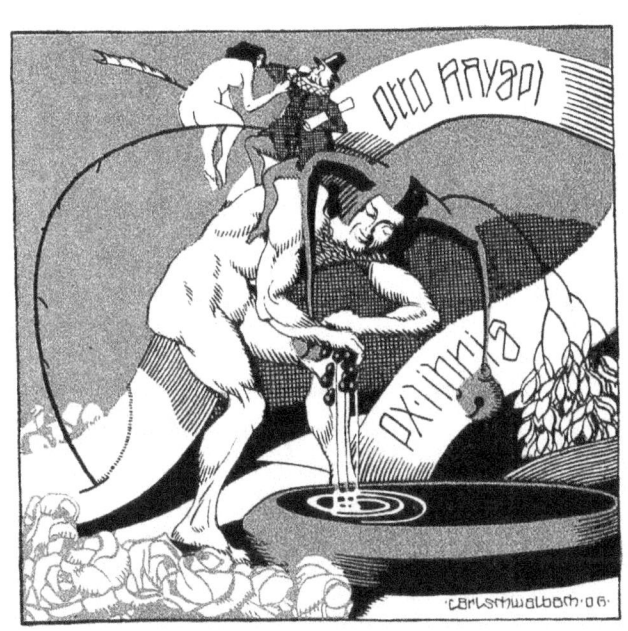

Abb. 77
G. K. Simunek
für K. J. Obrátil

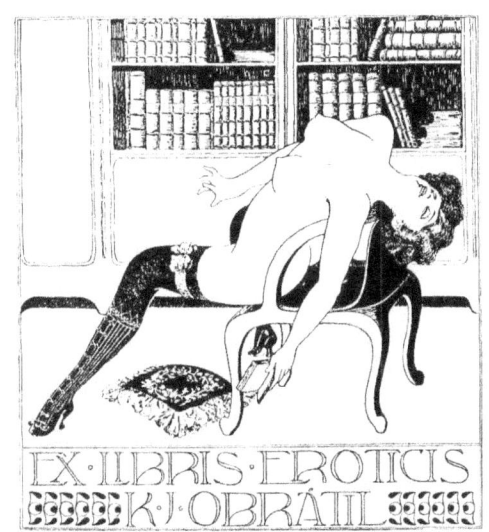

EX·LIBRIS·EROTICIS
K·J·OBRÁTIL

Abb. 78
Max Slevogt
für Frieda Fuchs

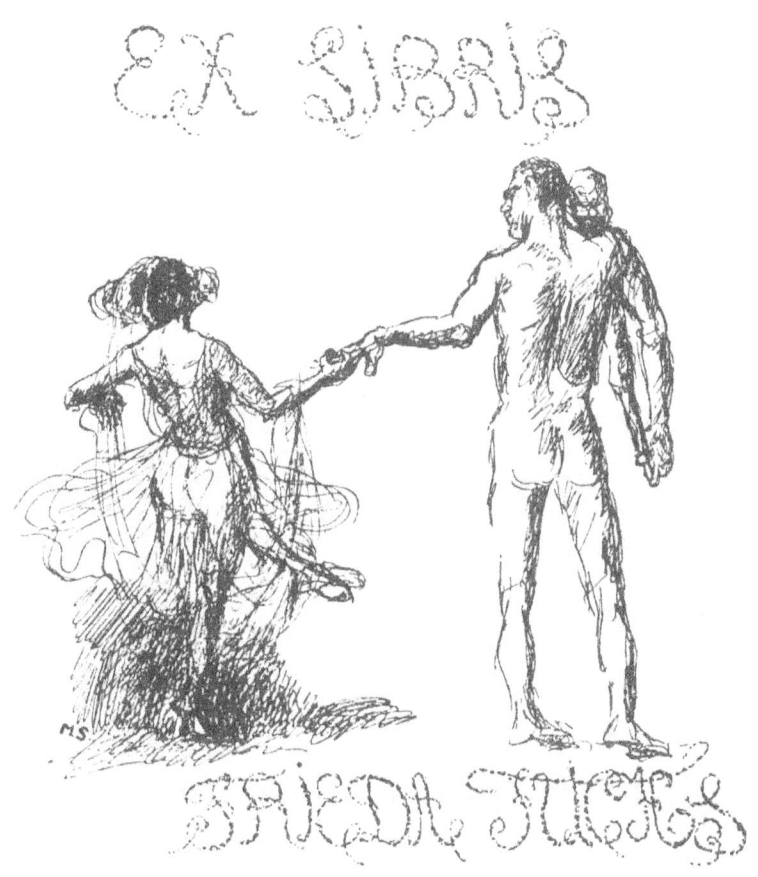

EX LIBRIS

FRIEDA FUCHS

Abb. 79
Alfred Soder
für Rosa Braun
(1914)

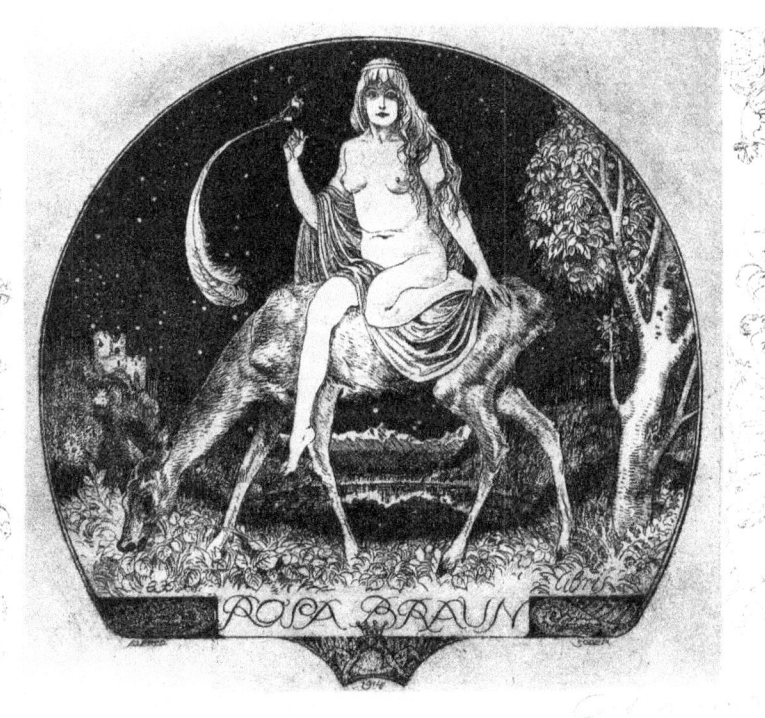

ROSA BRAUN

Abb. 80
Alfred Soder
für Dr. Alois Rogenhofer
(1913)

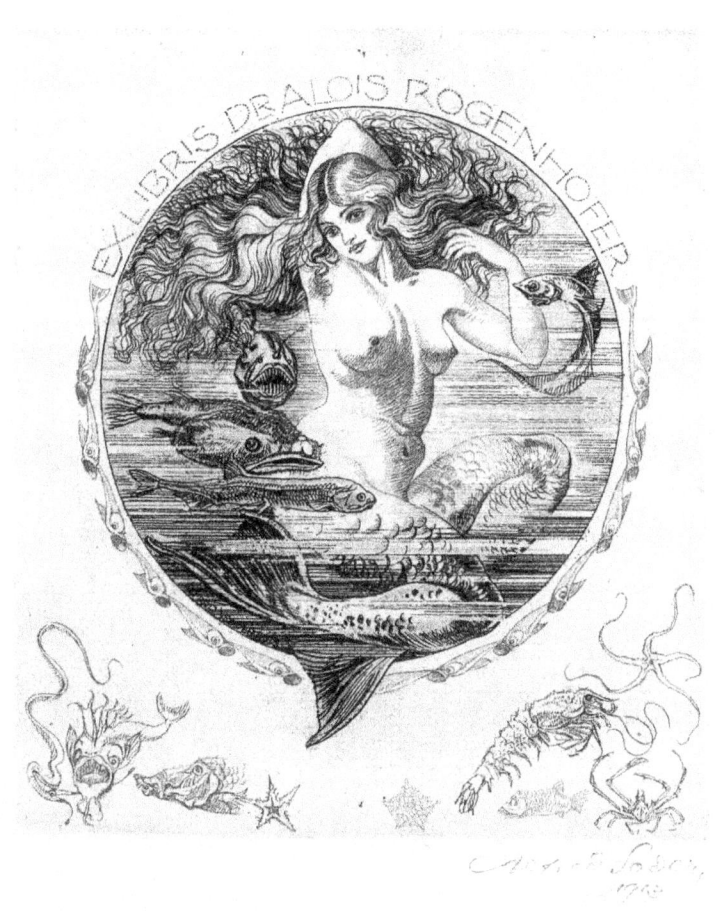

Abb. 81
Conrad Strasser
für Gertrud Blöchlinger-Schläpfer
(1917)

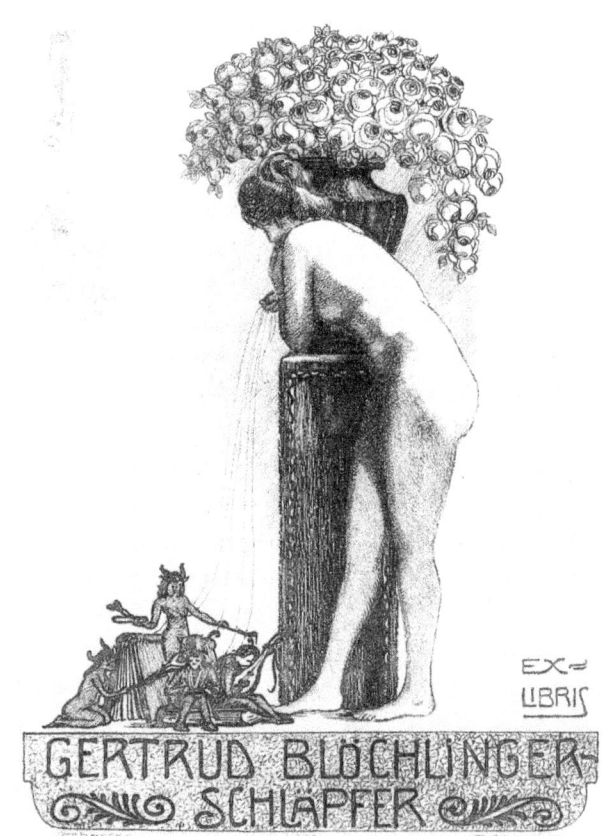

EX=
LIBRIS

GERTRUD BLOCHLINGER-
SCHLAPFER

Abb. 82
Carl Streller
für Erwin Krongold
(1920)

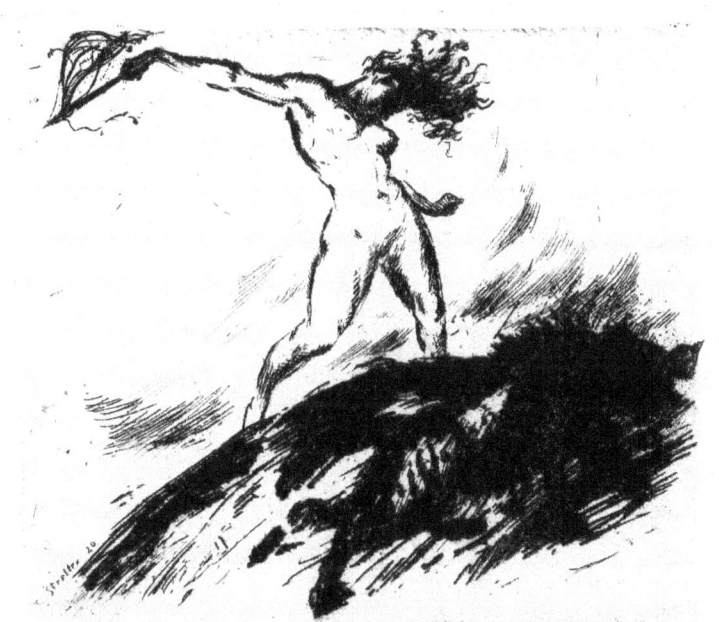

EX LIBRIS ERWIN KRONGOLD

Abb. 83
Carl Streller
für Maria von Arndt
(1920)

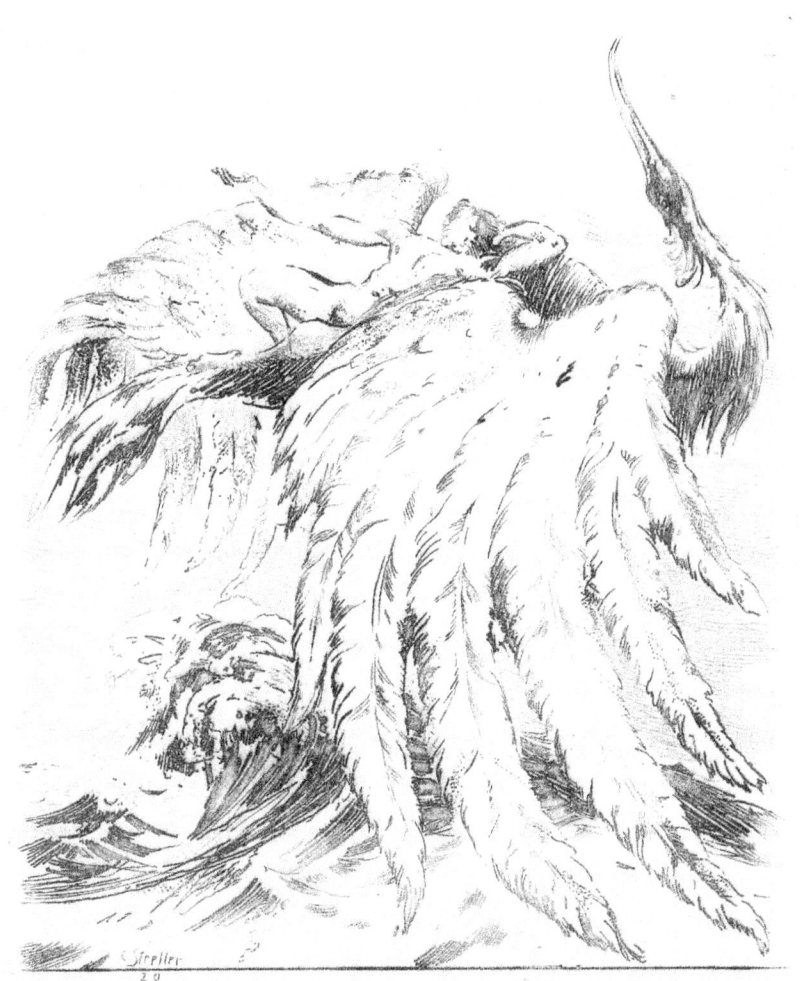

EX LIBRIS MARIA VON ARNDT

Abb. 84
Carl Streller
für Dr. Paul Herre
(1920)

EX LIBRIS

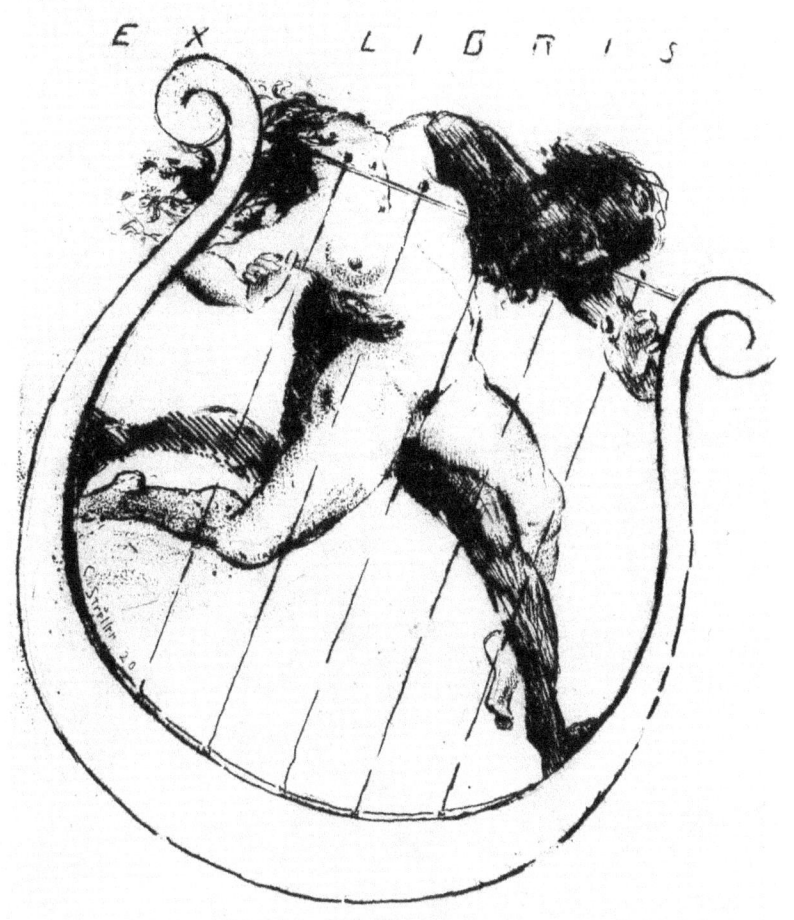

DR. PAUL HERRE

Abb. 85
Hans Thoma
für Dr. Henry Thode

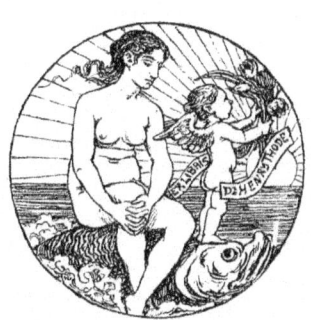

Abb. 86
Otto Ubbelohde
für Sophie Ebel

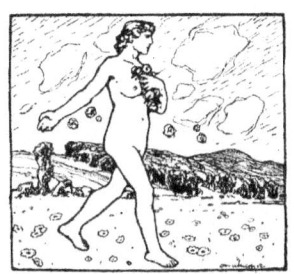

EX LIBRIS SOPHIE EBEL

Abb. 87
Heinrich Vogeler
für Olga B. Lorenz-Meyer

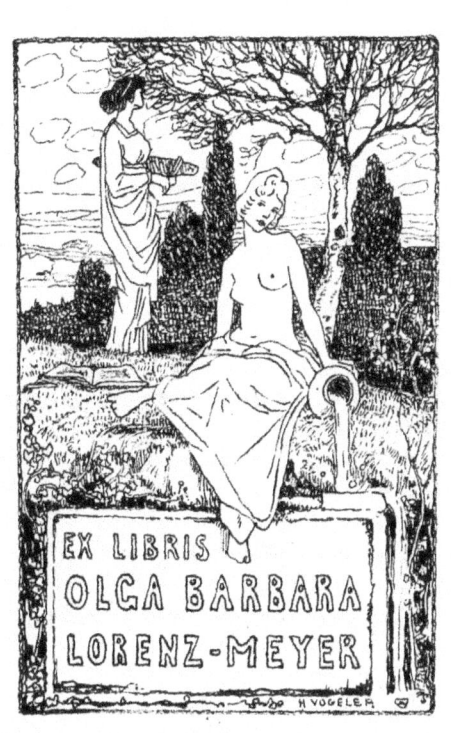

EX LIBRIS
OLGA BARBARA
LORENZ-MEYER

Abb. 88
Hans Volkert
für Hedwig Bindewald
(1918)

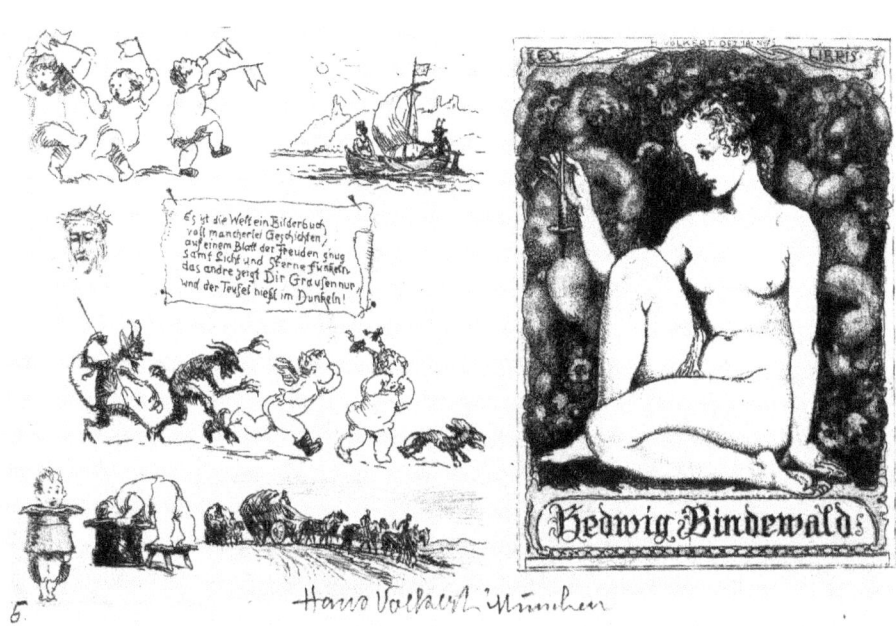

Es ist die Welt ein Bilderbuch,
voll mancherlei Geschichten,
auf einem Blatt der Freuden gnug
samt Licht und Sterne funkeln,
das andre zeigt Dir Grausen nur
und der Teufel nießt im Dunkeln!

Hans Volkart München

6.

Abb. 89
Hans Volkert
für Edith Aulhorn
(1919)

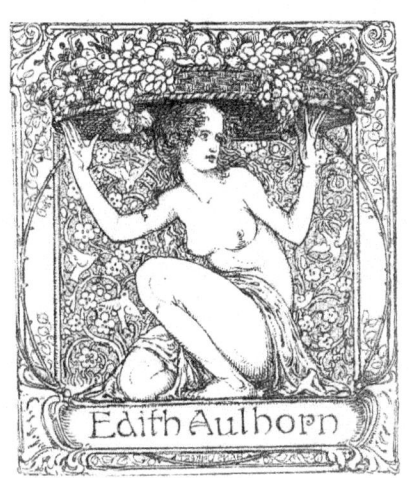

Edith Aulhorn

Abb. 90
Hans Volkert
Eigenblatt

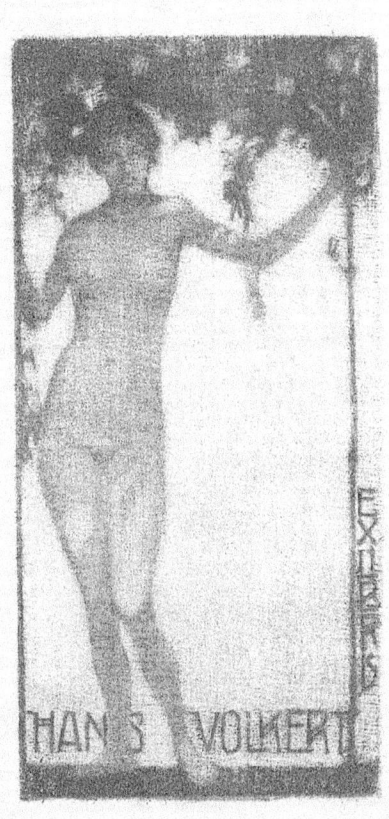

EXLIBRIS HANS VOLKERT

Abb. 91
Gerhard Wedepohl
für Hanns Heeren
(1920)

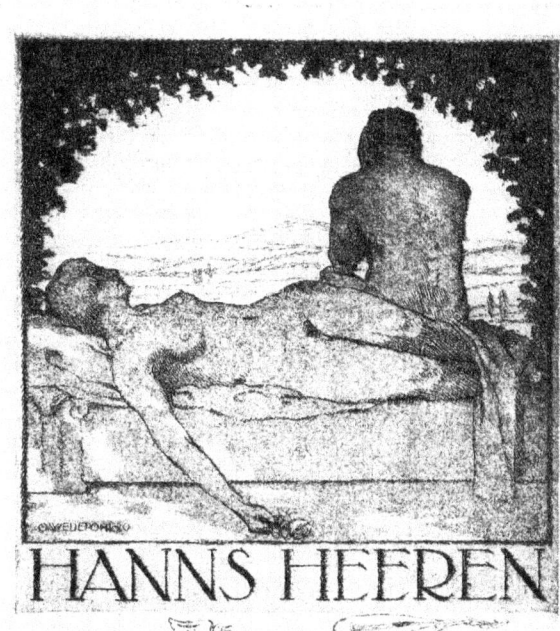

HANNS HEEREN

Abb. 92
Hans Wildermann
für Kurt Rötgers

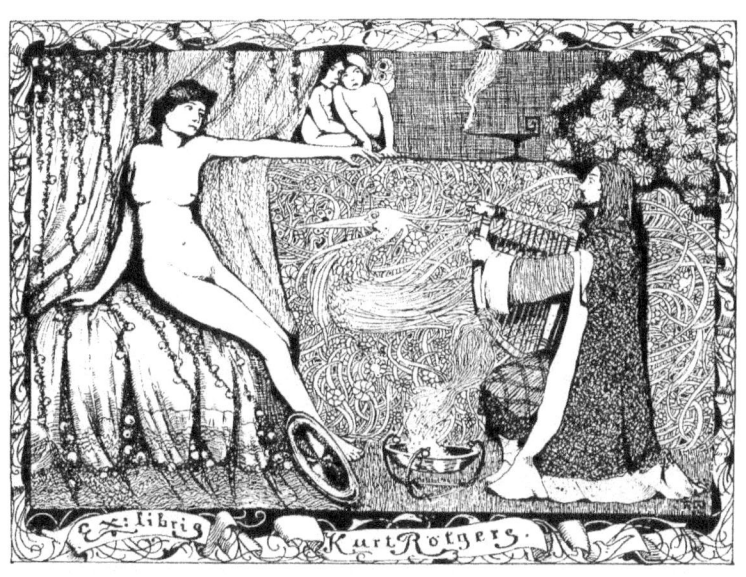

Abb. 93
Hubert Wilm
für Richard Braungart
(1909)

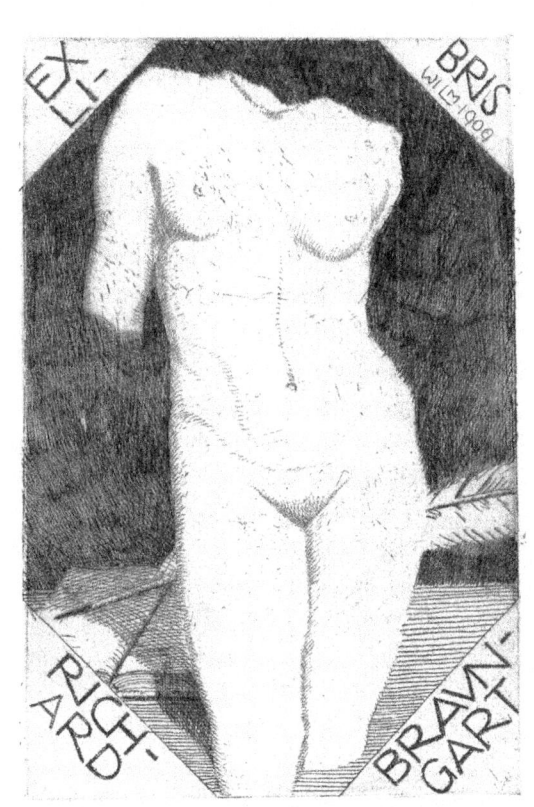

Abb. 94
Otto Wirsching
für Helene Abel
(1909)

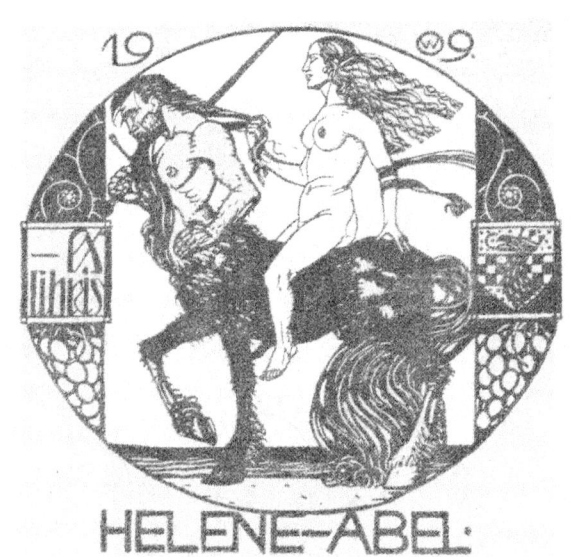

Abb. 95
Alfons Woelfle
vor der Schrift

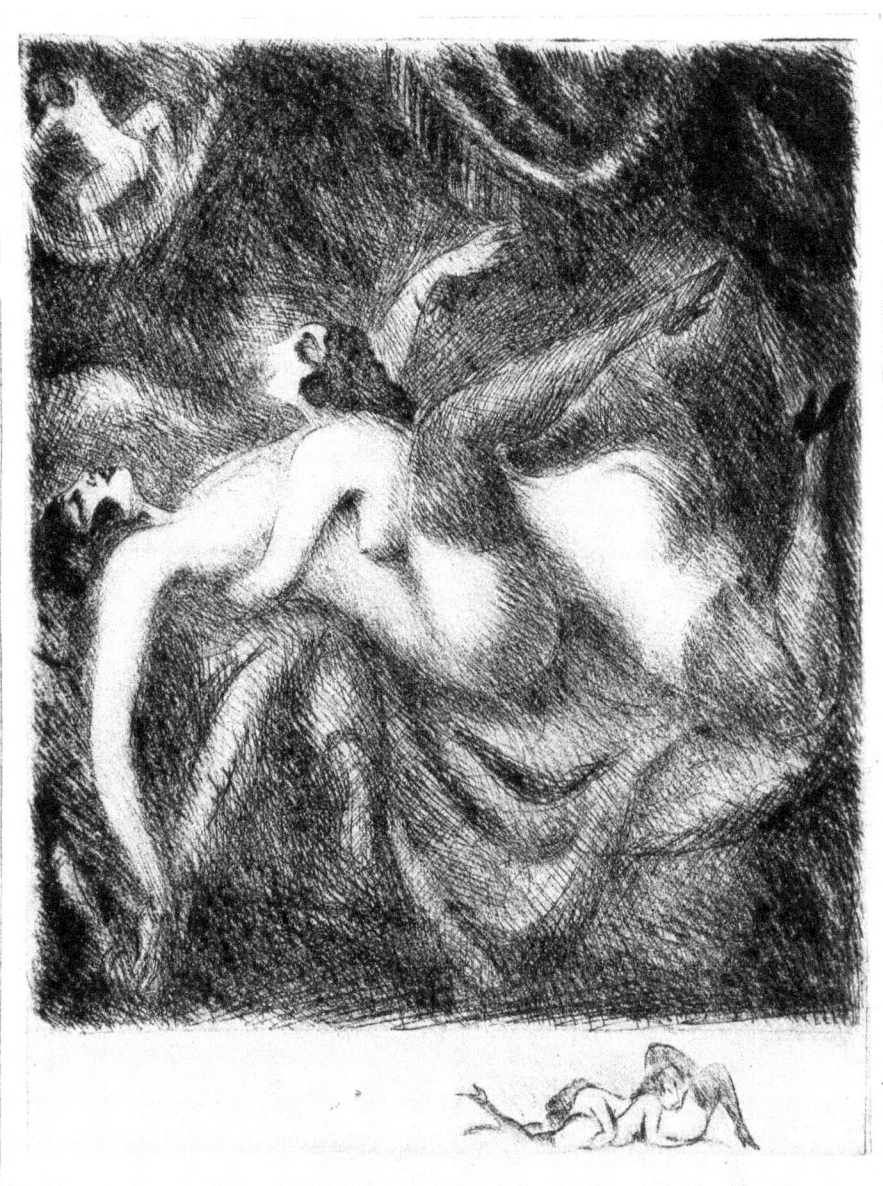

Abb. 96
Hans Zarth
Eigenblatt
(1900)

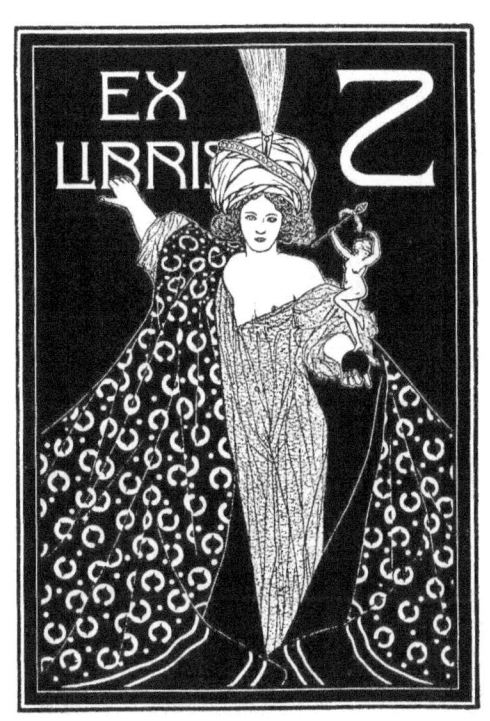

Verzeichnis der Künstler

Verzeichnis der Auftraggeber

Ausgewählte Bibliographie

Almack, Edward, Book-Plates, London 1904

Braungart, R., Deutsche Exlibris und andere Kleingraphik der Gegenwart, München 1922

Braungart, R., Das moderne deutsche Gebrauchs-Exlibris, München 1922

Braungart, R., Das Exlibris der Dame, München 1923

Braungart, R., Neue deutsche Akt-Exlibris, München 1924

Donin, R. K., Exlibris, Wien 1951

Franck, H., Jugendstil-Exlibris, Gütersloh 1984

Hopf, Angela & Andreas, Alte Exlibris, Bibliophile Taschenbücher Nr. 48, Dortmund 1978

Hopf, Angela & Andreas, Exlibris der Dame, Bibliophile Taschenbücher Nr. 119, Dortmund 1979

Hopf, Angela & Andreas, Die Kunst des Exlibris, Mahnert-Lueg Verlag, München 1980

Hopf, Angela & Andreas, Eulen-Exlibris, Frankfurt, Berlin, Wien 1980

Hopf, Angela & Andreas, Exlibris, München 1980

Hopf, Angela & Andreas, Erotische Exlibris, Dortmund 1981

Kreyenberg, G., Exlibris für Ärzte, Köln 1983

Kronhausen, Eberhard und Phyllis, Erotische Exlibris, Hamburg 1970 und München 1976

Leiningen-Westerburg, K. E. v., Deutsche und österreichische Bibliothekszeichen, Exlibris, Stuttgart 1901

Ott, Norbert H., Exlibris – Zur Geschichte ihrer Motive, ihrer Gestaltungsformen und ihrer Techniken, Frankfurt/M. 1967

Severin, Mark / Anthony Reid, Engraved Bookplates. European Exlibris 1950–70, Middlesex 1972

Thieme, Ulrich / Felix Becker (Hrsg.), Allgemeines Lexikon der bildenden Künstler von der Antike bis zur Gegenwart, 37 Bände, Leipzig 1907–1950

Warnecke, F., Die deutschen Bücherzeichen (Exlibris) von ihrem Ursprunge bis zur Gegenwart, Berlin 1890

Warnecke, F., Bücherzeichen (Exlibris) des 15. und 16. Jahrhunderts, Berlin 1894

Zur Westen, W. v., Exlibris, 3. Auflage, Leipzig 1925

www.ingramcontent.com/pod-product-compliance
Lightning Source LLC
Chambersburg PA
CBHW080242180526
45167CB00006B/2385